# Lond流非合理的経営

スタッフ第一主義を貫き
スタイリスト平均年収
800万円実現までの軌跡

Lond

女性モード社

Contents

# 第1章 Londの経営戦略とビジョン……004



# 第2章 Londの集客とサービス……052

# 第1章

# Londの経営戦略とビジョン

# スタッフ第一主義とは何か

Ｌｏｎｄが掲げるスタッフ第一主義とは、文字通り、スタッフを第一に考えたサロン経営を指します。共同経営者であり、美容師でもある僕たち６人が、サロン設立時＝６人以外にスタッフがいなかった頃から温め続けていた方針です。Ｌｏｎｄの経営において、最もプライオリティが高いルールの一つ――それが、スタッフ第一主義なのです。

僕たちが定めた経営理念には、次の一文があります。

我々Ｌｏｎｄは
従業員の物心両面の幸福を
追求することを経営の軸とする

詳しくは後述しますが、この経営理念を、絵に描いた餅では終わらせない。絶対に実現する。それも、一時的に実現させて終わりではなく、Ｌｏｎｄがある限り、飽きることなく追求する。

僕たちは、その一心で走り続けてきました。そして、これからもスタッフの幸福のために、走り続けます。人を雇用する立場として、スタッフを豊かに、なおかつやりがいのある仕事を創出することは、経営者義務であると考えているからです。

物心両面の「物」とは、給与や休日数、福利厚生をはじめとした待遇全般です。「心」は、美容師としてのやりがいや充実感、仕事の楽しさ、喜びを実感でき、職場の人間関係に煩《わずら》わされることが少ないなど、メンタル面の充足といっていいでしょう。

「幸福を追求するっていうけど、幸福の物差しなんて、人それぞれではないか」

そう思う人もいるかもしれません。

確かに、幸福の価値は人それぞれ異なります。何をもって幸福とするか。その基準は、一つではありません。お金を多く持つことが幸福だ、と思う人がいます。好きなことをして生きるのが幸福である、と感じる人もいます。地位や名誉を追い求めることに幸福を感じる人もいるでしょう。人の役に立ち、喜ばれることに幸福の価値を見出す人も、少なくないはずです。

Ｌｏｎｄはスタッフ数が２００人以上（全員が正社員雇用）に増えましたが、現在もなお、スタッフ一人一人の幸福を理解し、寄り添い、２００通り以上のパーソナルな幸福を一つ一つ追求し続けています。Ｌｏｎｄはスタッフの離職が少ないサロンですが、その理由の一つは、ここにあるのではないかと思います。

スタッフ一人一人の幸福がどこにあるのか。その理解と認識を深めるには、かなりの時間が必要です。その幸福を一つずつ満たそうとすればするほど、さらに時間がかかります。繰り返しますが、一時的に満たされた、ではダメなのです。感性も価値観も異なる個々のスタッフ全員に「Ｌｏｎｄって、超いいサロン、超いい会社だよね」と常に実感してもらえる組織であり続けたいのです。

このように、気が遠くなるほど時間がかかり、面倒なことを、ブレずに継続しているのがＬｏｎｄです。全然スマートじゃないし、カッコよくもない。これはＬｏｎｄの経営において根幹をなす、基本的なスタンスでもあります。

## 「チーム経営」(6人による共同経営)と役割分担　その1

２００人以上いる正社員のスタッフ一人一人で異なる幸福を、どのように把握し、実現しているのか。それは、僕たちが６人の美容師による共同経営という、ちょっと風変わりな形でＬｏｎｄを営んでいることと関係しています。

僕たち６人は、もともと美容専門学校の同級生です。18歳で出会い、20歳になる年に学校を卒業するまで、一緒に過ごした時間が最も多かった仲間でもあります。

「いつか６人で一緒にサロンをやりたいね」「やるなら、日本一のサロンにしたいな」「だったら、会社もつくろうよ」――当時、メンバーの一人が住んでいたマンションの屋上で、そんな話をしていました。10代後半からの長い付き合いで、互いに長所・短所を知り尽くした間柄です。

そんな僕たちが、Ｌｏｎｄでは共同経営者として、それぞれ担当する業務を分担しています。その中でスタッフの要望や悩みを個別に聞いたり、メンタルケアを専門にしている者がいるのです。これはＬｏｎｄのユニークな特徴の一つで、スタッフ第一主義ともリンクしています。

もちろん、その担当役員が単独で２００人以上と個人面談を繰り返すのは、物理的に難しいです。仮に面談ではなく、メールやＬＩＮＥを使ったとしても、大変です。そのため、各店舗に１人ずつ、メンター担当のスタッフを配置し、担当役員と担当スタッフで手分けして現場の声を集めながら、両者間で報告・連絡・相談をこまめに行っています。こうした仕組みをつくり上げてきたからこそ、200人以上のスタッフ一人一人が何を求め、何に幸福を感じるのかを把握できているのです。

ちなみに、各店舗にいるメンター担当スタッフは、店長・副店長が就任できないようになっています。これはスタッフの発案により定められたルールで、サロン内から店長・副店長への率直な意見、要望を出しやすくするためです。

メンター担当役員はあくまでも一例ですが、このように6人の代表がそれぞれ異なる業務を専任で担当することで、サロンの経営・運営に関わる幅広い分野（資金の調達・管理をはじめとする財務全般、美容技術指導・作品撮影等を含むスタッフ教育、求人、店舗管理・出店、広告・SNS等の対外的な発信、新規事業、一介の法人としての社会貢献、海外での事業展開など）をまんべんなくカバーできます。

6人のうち、海外事業担当者（実際に海外在住）を除く5人は、日頃のサロンワークを最小限にとどめていることも、担当業務に集中できる理由です。どの分野においても、6人が各自受け持っている業務に全力投球できる環境が、Ｌｏｎｄの強みなのです。

手前味噌になりますが、スタッフ第一主義のおかげで離職が少なく、現場を任せられる人材が数多く育っているため、こうした環境が実現しました。

オーナースタイリストの個人売上に頼らなくてもサロンが成り立つようになり、プレーヤーとしての業務比率が多かったときに比べて、「スタッフのために」「サロンのために」時間を割《さ》くことができるようになったわけです。これが具現化できていなかったら、今のＬｏｎｄはないといっても過言ではありません。

## 「チーム経営」(6人による共同経営)と役割分担　その2

一般的に、スタッフを雇用し、複数の店舗を展開しているサロンであれば、社長が1名、幹部が数名、その下に店長、副店長、スタイリスト、アシスタント……というような組織になると思います。社長を頂点として、幹部や店長がマネジメントの役割を分担する形で運営しているサロンは少なくないでしょう。

しかし、なかなか思い通りに結果が出ない、業績に結びつかないケースがあるかもしれません。

幹部・店長クラスで役割を分担する際、担当するメンバー間の肩書や報酬額に差があったり、サロンワークとの兼任度合いにバラつきがある場合は、注意が必要です。担当分野の業務に対する一人一人の熱量や、時間のかけ方に差が生じてしまいがちなのです。そのため、成果が出るまでに時間がかかり過ぎる、思うような結果が出にくいといった側面があるのは否めないでしょう。

Ｌｏｎｄでは、6人の共同代表が全員同じキャリア、地位、そして同じ報酬額（ここ重要）で、業務を分担しています。なおかつ、スタッフが育っているため、サロンワークを最小限に抑えることができ、時間とエネルギーをマネジメントに向けられるのです。

また、共同経営がうまくいっている一因として、仕事に対するこだわりや趣向、そしてパーソナリティが全員違っていたことが挙げられます。

美容師として、ヘアデザインや技術を追求したいタイプ。

仕事以外に写真、アート、文学など多趣味で、社会貢献や環境問題への意識も高いタイプ。

経営そのものに興味津々なタイプ。

日本国内にとどまらず、海を越えた異国でチャレンジしたいタイプ。

有言実行、行動力抜群なリーダータイプ。

仲間を巻き込みながら、サロン一丸となって目標を達成し、みんなで喜びを分かち合いたいタイプ。

これらは、6人それぞれの特徴を簡単に書いたものですが、もし6人全員がヘアデザインや技術を追求したいタイプだったら、Ｌｏｎｄはうまくいっていなかったかもしれません。仮に全員がサロン経営を極めたいというタイプだったとしても、おそらく長続きしなかったのではないかと思います。全くの偶然なのですが、美容師としてのタイプが六者六様だからこそ、6人による「チーム経営」がうまくいっているのです。

〝船頭《せんとう》多くして船山に上る〟（1つの船に何人も船頭がいると、船は山に登るようなおかしな方向へ進んでしまうことから、指示を下す側の人間が多過ぎて方針や行動がまとまらず、物事があらぬ方向へ進むこと。組織とその指揮系統がまとまりを欠くさま）ということわざがありますが、Ｌｏｎｄでその心配がない理由は、そういったところにもあります。

また、6人の中に「俺は何でも知っている」「俺は何でも分かっている」というタイプの人間や、何にでも口出ししたり、仕切りたがるコントロール・フリークがいないこと。かといって、互いの業務に我関せずではなく、常にサポートやフォローをし合える、つかず離れずの絶妙な距離感が保たれている――これは、長い付き合いで培われた関係性のメリットでもあるわけですが――こうしたことが、互いに対する安心・信頼につながっており、6人それぞれが向き合う仕事への温度差が生じにくくなっているのです。

## Lond　共同経営者6人の役割分担

| | |
|---|---|
| 石田吉信 | プロジェクト＆ブランドマネジメント、CSR、web 戦略 etc. |
| 甲斐紀行 | メンター、アイラッシュ etc. |
| 小林瑞歩 | 海外事業 etc. |
| 斉藤信太郎 | 財務、マーケティング etc. |
| 長岡宏晃 | 美容技術、人事 etc. |
| 吉田牧人 | プロモーション、出店、材料 etc. |

## 社長・幹部・スタッフのスピード差

「社長は常に時速100キロで走っている。幹部は時速60キロくらい。一般社員は、時速10キロ前後」という、地位・役職別の仕事に対する個々の熱量、向き合い方を表した比喩があります。

肩書、報酬、経験値、それらを総合したモチベーションなど全てに差があるのですから、ある面においては仕方がないことなのかもしれませんが、トップの思いとしては、幹部にもスタッフにも、できるだけスピードを上げて一緒に走ってほしいと願っているはずです。

しかし、幹部やスタッフは、トップがどれだけ呼びかけようとも、なかなかスピードを上げて走ってはくれません。厳密にいえば、瞬間的にはスピードアップして走るけれども、持続しない。また元のスピードに戻り、ときどきスピードアップする。そのエンドレスループではないかと思います。

Londの場合、「時速100キロで走っている人」が共同経営者の6人です。繰り返しますが、6人全員同じキャリア、地位、そして同じ報酬額だからこそ、ハイスピードで走ることができているわけです。一般的な組織形態に比べて、けん引する機関車の数が6倍です。すなわち、組織をけん引するパワーが違います。スピードも違います。6人がスピーディに走り続けているため、幹部やスタッフも、走るスピードがいつの間にかアップしていました。

こういう風に書くと、あたかも力ずくで、強引に走破し、無理やりけん引しているような印象になってしまうかもしれませんが、幹部・スタッフがスピードアップして走ることができているのは、Londの経営理念や経営指針が全スタッフに浸透し、それらが実現していることに納得、共感してくれているからです。

## Ｌｏｎｄの根幹をなす理念・指針・ビジョン

Ｌｏｎｄでは、前ページで述べた通り、企業理念・経営理念・経営指針・行動指針、そしてビジョンをそれぞれ定めています。サロンの設立時に6人で話し合い、決めたものです。

オープン当時はスタッフがいなかったのですが、いつの日かスタッフが増えていくであろうことを想定して、みんなで考えました。

6人が目指したサロンは、とにかくスタッフが働きやすく、離職が少ない——その一言に尽きます。今までに自分が嫌だなと思ったことを（スタッフに対して）絶対にしない。これは6人の共通認識で、サロンづくりを進める上での大前提でした。

「こういうことがあると、人は辞める」

「こういうサロンでは、人が続かない」

6人のメンバー各自が、サロンから人が辞めていく理由についての私見を述べ、そのときに挙がったさまざまな声をまとめて、スタッフの離職が少ないサロンにしようと誓い合いました。

僕たちには、スタッフを大事にすれば、サロンはうまくいくという確信があったのです。それまでの経験上、離職が多いサロンは業績が上がりにくいことを、僕たちは身をもって知っていました。

あからさまに売上が落ちたスタイリストはいないのに、サロンとしての売上は緩やかに減り続ける……なぜなのかを突き詰めて考えていくと、結局はスタッフが辞めているからなのです。

将来、ビジョンに掲げた日本一を達成したとしても、スタッフの離職が多ければ、うれしくありません。そもそも離職が多いサロンでは、年商ナンバーワンを目指すことすら難しいと考えました。

給料がいい。休みは多い。やりがいがある。なおかつ、技術、サービス、使う粧材、全てにおいてクオリティが高い。だけど料金は、高くない。僕たちは、そんな理想のサロンを思い描きました。「こういうサロンがあったらいいのに」と夢想していた世界観を、現実の形にするのです。

これらを、経営者1年生だった6人が、どう実現させていくか。その〝道しるべ〟として作成したのが、理念と指針です。そして、理念と指針の先にある目標として、美容業界における年商日本一のサロンを目指すというビジョンを立てました。

美容業界で年商日本一のサロンとは、すなわち、日本で一番多くの人に幸せをもたらしているサロンであると僕たちは考えます。

まず、雇用する人数が多い。同時に、お客さまの数もナンバーワン――多くの雇用（全員正社員）を生み出すと同時に、お客さまには美容を通して、たくさんのハッピーを提供する。そんな会社を目指す上での〝道しるべ〟となる、理念を重視した経営の実践を肝に銘じました。

幸せを創出する会社を目指す以上、Ｌｏｎｄに関わる全ての人・企業（美容メーカーやディーラーをはじめ、さまざまな方たち）にも同様の幸せをもたらしたい。その強い思いで、Ｌｏｎｄはスタートしたのです。

# Londのビジョン、経営理念

## スローガン

Love For All

全ての人、物、事に愛を

## ビジョン

美容業界の年商第１位

## 経営理念

Love Life Luxe愛を持って
より素晴らしい人生をより豊かに
我々Londは
従業員の物心両面の幸福を
追求する事を経営の軸とする

## 経営指針

利益の最大化を達成できる会社
ステークホルダーの
幸福の最大限の追求
夢を与え続けられる会社
明るい会社

## 行動指針

勇気 情熱 希望を持ち、
未来を切り拓く人
愛し、愛される人
明るく素直で
向上心のある人

# 中価格帯の料金設定　その1

僕たち6人は以前、それぞれ別のサロンで働いていました。どのサロンもカットはシャンプー・ブロー込みで6千円以上、ヘアカラーとトリートメントを合わせると1万円台後半が平均的な料金設定でした。東京都港区・渋谷区の家賃が高い立地で、技術・ヘアデザイン・トレンド性を同業者間で競い合いながら、ハイクオリティ・ハイプライスを実現し、美容の価値を料金面でも高めていこうとする風潮も、高価格化を後押ししていたように思います。

もちろん、ただやみくもにハイプライスだったわけではないことは、痛いほどよく知っています。人気サロンであればあるほど、また人気スタイリストであればあるほど、陰では人知れずにものすごい努力・研究を重ねています。

例えば新しい薬剤や機器は、時間をかけて、徹底的にテストを繰り返す。そこまでやるか、というレベルで研究を重ねて、使用することのメリットとデメリットを自分たちの言葉で説明できる次元にまで落とし込む。そして、サロンが目指す方向性に合うものと、お客さま・美容師の双方に本当に役立つものだけをチョイスし、ヘアスタイルづくりに還元していく。

サロン間の生存競争が激し過ぎる世界では、並大抵の努力・研究ではお客さまに選ばれず、生き残ることが難しいのです。ハイプライスの内訳には、高い家賃に加え、そうした〝見えない価値〟も含まれていたはずです。

しかし、このハイクオリティ・ハイプライスが進化すればするほど、ジレンマが生じてくることを6人とも感じ取っていました。それは、新規集客です。特に、プライスが上がっていくに従って、新規のお客さまが増えにくい傾向があることは、当時の僕たちの目にも明らかでした。

詳しくは後ほど書きますが、僕たちはLｏｎd設立前のある期間、全員が業務委託サロンで働いた経験があります。そこでの経験は、集客と施術スピード、料金設定において、6人が大きな影響を受けているのは事実です。

まず、ホットペッパービューティーの集客力のすごさを、初めて体感しました。その頃はまだホットペッパービューティーが今ほど普及していなかった事情もあり、単純に現在と比較することは難しいのですが、当時1日に何十人も新規のお客さまがお見えになる光景は、衝撃でした。

そして、お客さま1人あたりの施術時間の短さです。それまでは、カット＋カラー＋トリートメントで2時間30分程度が普通であると、6人とも思っていました。

ところが業務委託サロンは、カット＋カラー＋トリートメントを必ず2時間以内に終わらせるのです。1人のお客さまに2時間以上かけるなんてあり得ない、そんな世界でした。

それまでの常識では考えられないことが、毎日当たり前のように起きている異次元のステージに、僕たちは初めて足を踏み入れたのです。

## 中価格帯サロンの実情

**美容業界＝高料金店と低料金店の二極化？**

**中料金店は、実際には多い。**
**ただ、高料金店の「ハイクオリティ」と、**
**低料金店の「カジュアルプライス」のはざまで**
**存在感が薄くなりがち。**

**チャンスあり**

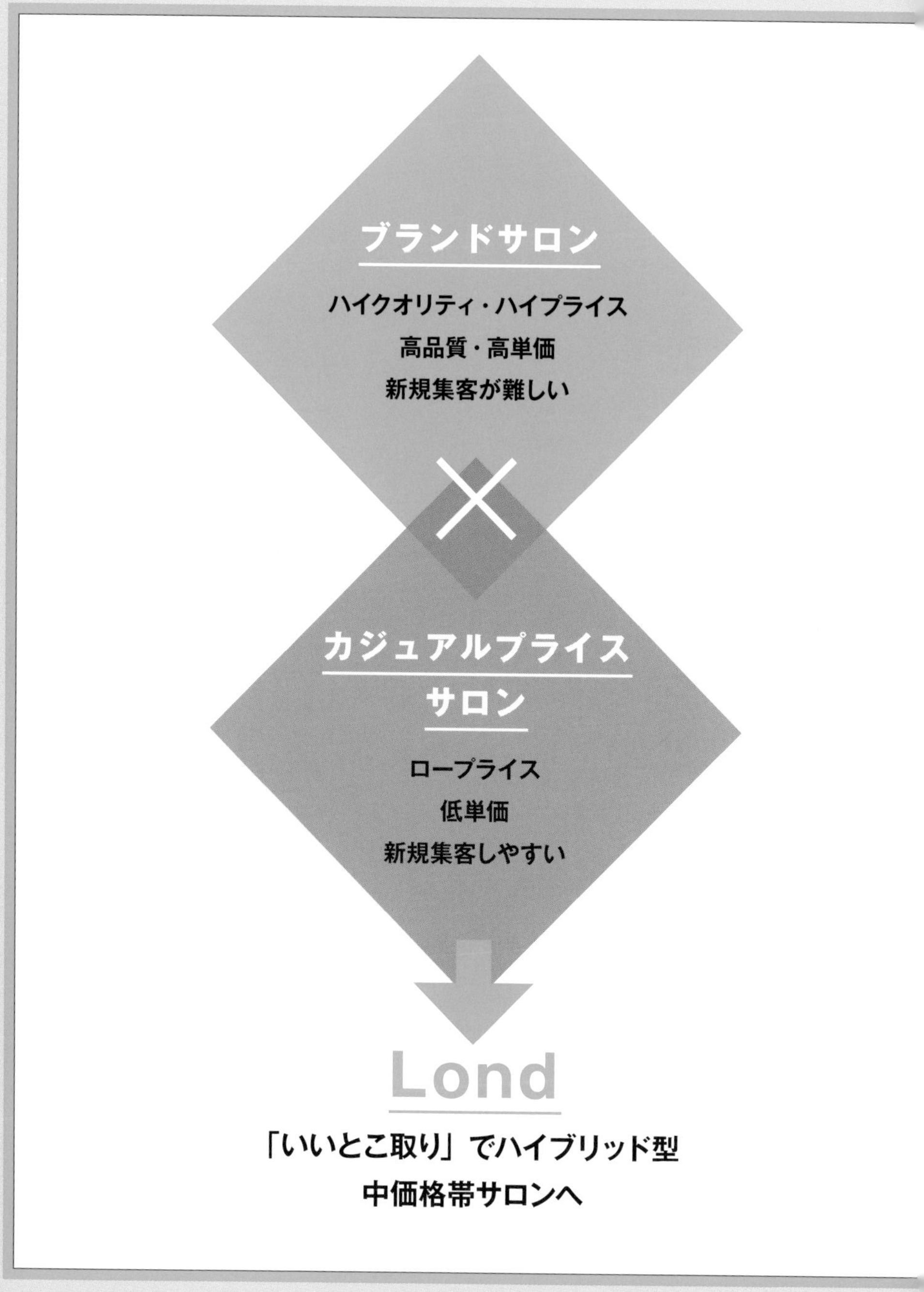
ブランドサロン
ハイクオリティ・ハイプライス
高品質・高単価
新規集客が難しい
カジュアルプライスサロン
ロープライス
低単価
新規集客しやすい
Lond
「いいとこ取り」でハイブリッド型
中価格帯サロンへ

## 中価格帯の料金設定　その2

6人全員が同時に業務委託サロンで経験を積んだ日々は、それまで培われてきた各自の仕事観、美容師そしてサロンの価値観をひっくり返すような、強烈なインパクトがある出来事の連続でした。

当時、僕たちはＬｏｎｄの設立準備にあたって、ホットペッパービューティーを隅々まで読みあさっていました。最初の出店候補地に銀座（東京都中央区）が浮上してきたため、周辺エリアにおける他サロンの料金について、徹底的に調べたかったからです。

同時に、美容業界は高料金店と低料金店の二極化といわれているけれども、本当にそうなのかなという素朴な疑問の答えを知る目的もありました。また、業務委託サロンでの勤務経験を通して、高過ぎず、安過ぎない、中間の料金設定をしているサロンへのニーズがあることを痛感し、中価格帯サロンがどのくらいあるのかを把握しておきたい気持ちもありました。

調べたところ、当時の銀座は（今も変わっていませんが）低料金サロンから高級店まで、ピンキリでした。中価格帯のサロンは、存在していないわけではなく、むしろ想像以上にたくさんありました。ただ、率直にいえば、第三者から見たイメージとして、今ひとつアカ抜けない印象の中価格帯サロンが多かったような気がしました。対外的なイメージづくりや、発信の仕方・内容を改善すれば、銀座での中価格帯サロンは成功する可能性があると感じたのです。

ホットペッパーの営業担当者からは、中価格帯でうまくいっているサロンはないと言われていました。成功するのは、高価格か、低価格のどちらかだというのです。

だけど僕たちは、中価格帯だからダメなのではなくて、もっとシンプルに、外から見たイメージや、発信するヘアスタイルがダサいからダメなんじゃないかなと思ったのが、偽りのない心境でした。むしろ、Ｌｏｎｄにはチャンスしかないという直感で、僕たちはすでにワクワクし始めていました。

こうして、Ｌｏｎｄの価格設定は、ハイプライスでもロープライスでもない、ミドルプライス＝中価格帯を打ち出す方向に固まっていったのでした。

さらに6人で話し合い、中価格帯だけどスタッフをきちんと雇用し、社会保険なども全部加入する。しっかりと教育して、一人前の美容師に育て上げる――高料金店と低料金店の〝いいとこどり〟をしたハイブリッドサロンをつくろう、という具体的なサロン像が浮かんできたのです。

「素晴らしい技術、素晴らしいサービス、素晴らしい空間を。しかも、驚きの価格で」

これは、オープン当時に打ち出したＬｏｎｄのキャッチコピーです。基本的に現在も変わっていませんが、このフレーズにこそＬｏｎｄの原点が凝縮されています。

## Londのターゲット客層

**料金設定**

ターゲットが通いやすい価格
平均客単価　8,800円

**ターゲット**

銀座にいる28歳のOL

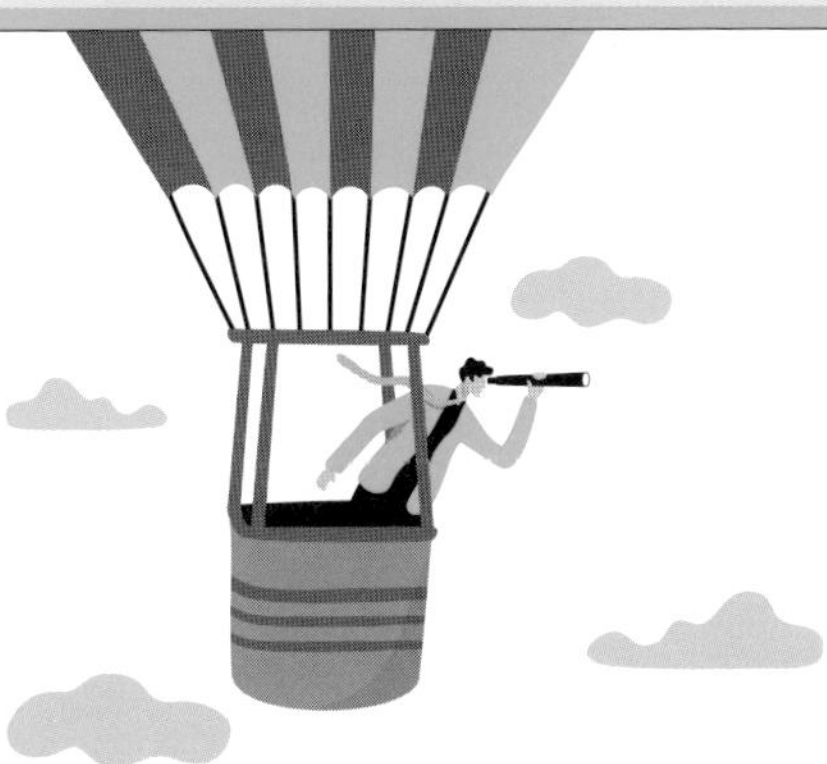

年間来店回数

8回

来店周期

45日

↓

年間利用金額が多くなくても
気軽に通い続けてもらうことを重視

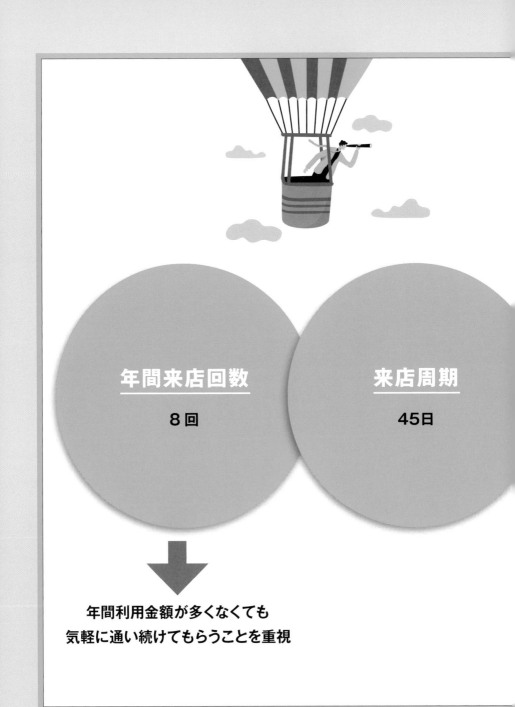

## 客層のターゲット設定

Ｌｏｎｄのスタートにあたって、僕たちは「銀座にいる28歳のＯＬ」を来店客のメインターゲットに設定しました。

オープンした年に僕たちが28歳だったことも影響していますが、学生や社会人1〜2年目の女性たちに比べると、精神的にも経済的にも少しだけ余裕が出てくる年齢だろう、という想定に基づいており、僕たちなりの経営戦略でもありました。

とはいえ、この想定が外れていたら話にならないので、世間一般における「28歳・ＯＬ」の平均給与、好まれやすいライフスタイル、好きな女性像などを綿密に調べました。

現在も銀座にあるＬｏｎｄの1号店をヨーロッパ調のインテリアでまとめたのは、僕たちの趣味というよりも、28歳のＯＬが好きな世界観をリサーチして、具体的に表現したものです。

サロンの料金については、ハイプライスでもロープライスでもないミドルプライス＝中価格帯に決定したことはすでに書きました。その背景には、28歳のＯＬが使うことのできる月々の美容代を考慮した事情もあります。

ハイプライスに行き過ぎてしまうと、毎月通うのがちょっと苦しい。ロープライスに行ってしまうと、安かろう悪かろうのイメージを持たれがち……。

そこで、カット・ヘアカラー・トリートメント（シャンプー・ブロー込み）で7千円台後半という料金設定にしました。28歳のOLが1ヵ月半に1度、来店できるイメージです。

価格をハイプライスに寄せると、来店周期はせいぜい2ヵ月に1回。もしかすると、3ヵ月に1回程度になる可能性もあります。年間来店回数は多くて6回、少なければ4回程度の見込みです。

これが中価格帯であれば、1ヵ月半の来店周期で、年間8回程度は足を運んでいただけます。

年間利用金額だけを見れば、ハイプライスで年4~6回来店の方が多いのですが、僕たちはミドルプライスでいいから年8回、サロンへ足を運んでいただくことを重視しました。高単価よりも、なるべく気軽に、長く通っていただける料金を念頭に置いたのです。

当時の銀座は、ユニクロの大型旗艦店がオープンし、後を追うようにH&MやZARAなど、海外のファストファッションブランドが続々とオープンしていた時期でした。それまでの「高級な大人の街」から、「若い人たちにも気楽に来てもらえる街」へ変化していく兆しが見え始めていました。僕たちがLondオープン前の時点で、その気配を察知したことが、銀座出店につながった面もあります。

もちろん、不安はありました。だけど、銀座が持つ高級なイメージと、Londのリーズナブルな価格のギャップは、受け入れてもらえる気がする……という、ポジティブ思考だけはみんな持っていました。「銀座で、この価格?」という驚きを、多くの人に味わってもらいたかったのです。

# 経営戦略どころじゃない壁

僕たち6人は専門学校時代から気の合う仲間でしたが、卒業後はそれぞれ青山・原宿の別々のサロンに就職しました。

Ｌｏｎｄを設立したのは、28歳のとき。美容学校を卒業後、約8年にわたって一人一人が異なる職場で経験を積んだ後に、共同経営という形でＬｏｎｄをオープンしたわけです。

そして、いざＬｏｎｄがスタートし、同じサロンで一緒に仕事をしてみると、あうんの呼吸で分かり合えることが多かった半面、意見や感覚が合わないこともたくさんありました。

また、カットやパーマなど、身につけてきた技術の一つ一つが異なります。スタッフの雇用なし、6人全員がフル回転でサロンワークをしているうちは、それでよかったのですが、新卒のスタッフを雇うようになると、技術教育をどうするかという懸案が生じます。Ｌｏｎｄのベーシックなカットなりパーマなりのルールを決めて、教えていかなければなりません。6人のうち、誰の技術を基準に教育していくべきかという問題がありました。

さらにいえば、細かいことですが、使い慣れた薬剤の種類が全員、異なっていました。「この薬剤をこう使えば、ヘアスタイルはこうなる」という、美容師であれば誰もが蓄積している個人的なデータが、使いものにならなくなる可能性があったわけです。6人がそれぞれ好きな薬剤を仕入れて使うという考え方もありましたが、これではスタッフが入ってきたときに、混乱させてしまうだけ。どれかに統一しようという話になったものの、「これがいい」「いや、あっちがいい」などと、すぐには意見がまとまらない場面もありました。

技術や薬剤以外でも、仕事上の常識だと思っていたことが、互いに通じない。そんな小さな摩擦がいくつも起きました。今思い返すと、美容師として育ってきた環境が違うのですから、合わないのは当たり前なのですが……。

こんなとき、6人ともヘアデザイナー意識やアーティスト志向が強いタイプであったり、全員がケミカル博士タイプだったら、互いに意見や主張を譲らず、Ｌｏｎｄは空中分解していたかもしれません。美容師であれば、「これだけは譲れない」という仕事上のこだわりを、大なり小なり持っているからです。

ところが、前にも書いたように、Ｌｏｎｄを設立した6人は、見事なまでに「こだわりポイント」がバラバラでした。

技術に関しては、最も技術志向の高いメンバーを基準に、Ｌｏｎｄのベーシックを決めていくことになりました。薬剤は、ダントツに詳しいメンバーがいたため、使用する薬剤の選定を全て一任しました。「この人に任せておけば大丈夫」という、安心して任せられる分野が全員違っていたことは、ある意味においてラッキーな出来事でした。ここを乗り越えられなければ、経営戦略やビジョンどころではないのですから……。

# 全スタッフとの理念・指針・ビジョン共有

17ページに掲げたＬｏｎｄの理念・指針は、スタッフ第一主義を明文化すると同時に、「美容業界において年商日本一のサロンを目指す」というビジョンに向けた羅針盤でもあり、スタッフ全員で共有しています。

理念にせよビジョンにせよ、社長や幹部だけが把握していればよい、というものではありません。多くの頭脳、知恵、協力がなければ、Ｌｏｎｄとして打ち立てた目標というものは実現できないのです。少なくともサロン内では、アシスタントを含めた全スタッフが暗唱できるレベルにまで、理念やビジョンの認知を高めなくてはいけないと思います。

ただ暗唱できるだけではなく、スタッフ一人一人がＬｏｎｄに必要な、かけがえのない存在であることを自覚してもらう意味も込めて、僕たちは全スタッフが参加する会議を毎月開催しています。Ｌｏｎｄ内で月例会と呼ばれているものです。

月例会を通して、スタッフにも経営意識を高めてもらう、というと大げさかもしれませんが、Ｌｏｎｄは今こういう経営状態である、こんなことが起きた、こういったことをやろうとしている、といった情報を全員にフェイストゥフェイスで伝えています。毎月行っているのは、常に最新の状況を共有するためです。同時に、理念やビジョンを定期的に意識付けする効果もあります。

この全スタッフ集合型の会議については、わざわざ全社員を集めなくても、伝達事項を全員へ一斉にＬＩＮＥしたり、店長クラスのみに伝えて各店舗で伝えてもらえば済む話ではあります。けれども、あえて全員が集まり、その場で情報を共有することによって、各自の気持ちが引き締まったり、仕事の活力につながるといった副産物もあります。何よりも、全員が参加するという事実を大切にしています。

２００人が集まることのできる場所を確保しなくてはいけないし、各自の時間を拘束してしまうのは、一見〝非合理的〟です。目先の売上を考えれば、全員が集まっている時間があったら、サロンワークしてもらうほうが確実に収益を上げられます。しかし、そこに目をつぶってでも、全員参加の会議によって一人一人の意識が少し変わる――それが２００人以上の規模になれば、Ｌｏｎｄ全体を突き動かす大きな推進力になり得るのです（コロナ禍では、リモートで実施しました）。

月例会は、経営戦略をＬｏｎｄ内の隅々にまで浸透させる貴重な時間ですが、経営に関わる情報共有にとどまらず、せっかくの機会なのでスタッフ教育につながる議題を取り上げることも多々あります。道徳や倫理観など、テーマはその時々によって変わりますが、参加したスタッフが必ず何らかの気付きを得て、その気付きを持ち帰ることができる場にもなっています。

# 200人以上、全員正社員

美容室における雇用形態が多様化しています。以前の美容業界は、正社員かパート・アルバイトか、といった程度でしたが、近年は正社員とパート・アルバイトのほかに業務委託契約、面貸し契約などが増えています。業務委託契約の美容師のみで運営しているサロンや、面貸し契約の美容師だけで営業しているサロンも増えたそうです。正社員と業務委託、正社員と面貸しが1サロンの中で混在するケースもあると聞きます。美容師の働き方において、選択肢が多くなったともいえます。

僕たち自身、6人ともLｏｎｄ設立前の一時期、業務委託サロンで働いたことがありました。そこでの経験がLｏｎｄのサロンづくりに大きく影響しているのですが、その話は後ほど説明します。

スタッフの雇用については、Lｏｎｄでは全スタッフが正社員です。パートやアルバイト、業務委託、面貸しなど、正社員以外の雇用契約を結んでいるスタッフは、いません。

これも、見方によっては〝非合理的〟です。例えば、社会保険料の負担だけでも200人分以上ありますから、毎月大変な出費になります。そして、人件費はもっと莫大な金額です。

にもかかわらず、僕たちは正社員雇用にこだわっています。

正社員にこだわる最大の理由は、一般企業と比べても遜色のない会社でありたい、という思いによるものです。同時に、Ｌｏｎｄの経営理念にある、スタッフの物心両面の幸福を追求するためです。

一般企業と同じように、正社員として雇用し、社会保険や雇用保険の会社負担はもちろん、しっかりと納税する会社でありたい。なおかつ、スタッフは他業種に引けをとらない報酬を得て、休みも多く、心身ともに豊かな美容師人生を送ることができる――そんな会社でありたいのです。

この本のサブタイトルにもありますが、ＬｏｎｄではスタイリストＬの平均年収が800万円におよびます。上場企業の20代サラリーマンでも、なかなかこれだけの年収は得られないはずです。

「美容師って、給料安いんでしょ？」「生活していけるの？」――僕たちは、業界外の方たちから、こうした質問を今まで何度も受けてきましたが、Ｌｏｎｄに限っては、そんな心配が無用であることを証明したいのです。

むしろ、スタッフのみんなには、Ｌｏｎｄの雇用を思う存分、味わってほしいと願っています。美容師は給料が安くなくてはいけない理由など、どこにもありません。休みが少なくてもいい理由も、ありません。

給料安い、休み少ない、キツい、すぐ辞める――そんな美容師のイメージを、全て覆す。僕たち6人は、その思いを胸に走り続けています。

# 回転率という考え方

スタッフにいい給料を出したい。休みも増やしたい。美容師という職業に対するネガティブなイメージを覆したい。お客さまには、いいものを手頃な価格で提供したい。

こうした理想を胸にスタートしたＬｏｎｄですが、全部を実行すると、収支バランスが崩れやすくなるのは事実です。

じゃあどうすればいいんだろう……と6人で考えていたときに知ったのが、「俺のイタリアン」「俺のフレンチ」などで有名な飲食店のビジネスモデルでした。

いい食材を仕入れ、一流店で修業を積んできた腕利きのシェフたちが、高級店と変わらない料理を提供する。ただし、料金は安い。コース料理を１０００円で食べられるような超激安ではないけれども、「これだけの料理を味わえて、この値段?!」という価格設定。飲食業界では、原価率30%以下が店舗経営の常識だそうですが、「俺の～」は原価率60%を越えていたともいいます。

高級レストランは、1日の来客数を抑えることによって、料理とともにぜいたくな時間、空間を堪能できる場でもあります。ところが、「俺の～」は来客数をあえて増やす戦術で成功を収めました。1日に来店されるお客さまが何回入れ替わったかという、回転率を重視する経営です。

回転率とは、1日の総来店客数を、店の総席数で割ったものです。例えば、超高級なミシュラン店で、1日1組しか予約を取らず、一晩で4人席に2人だけ座れば、0・5回転です。

一方、当時の「俺の～」は、1日3回転以上。多くのお客さまが入れるよう、ほぼ立食形式だったため、店内の滞在時間は長くなり過ぎない仕組みでした。

ゆったりとした時間、空間を味わいたい方は、従来の超高級店へ足を運べば済みます。そこまでのぜいたくさは不要、もっと気楽に味わいたい……というお客さまが、「俺の～」に来店する――僕たちは、この方法にインスパイアされました。つまり、高い原価を回転率でカバーするのです。

とはいえ、ヘアサロンにおいては立ち食いならぬ、立ち施術ができません。セット面の間隔をぎゅうぎゅうに詰めて、席数を急増させるのも非現実的。そこで、施術のスピードを上げて、お客さまの滞在時間を短くすることにしました。

スピードを重視するあまり、施術や接客が雑になったり、手抜きをしては意味がありません。丁寧に、ただし手際よく、スピーディに。Ｌｏｎｄのサロンワークにおける、基本的なスタンスが決まりました。

美容室は、施術内容や店内の混雑状況にもよりますが、お客さまの滞在時間が長くなりがちです。3時間、4時間かかることも珍しくなかったわけです。これを快く思っていないお客さまが多いことは、ほとんどの美容師の方が気付いていると思います。

## Londにおける回転率の実例

### 銀座店

店舗面積：30 坪
セット面：8 面

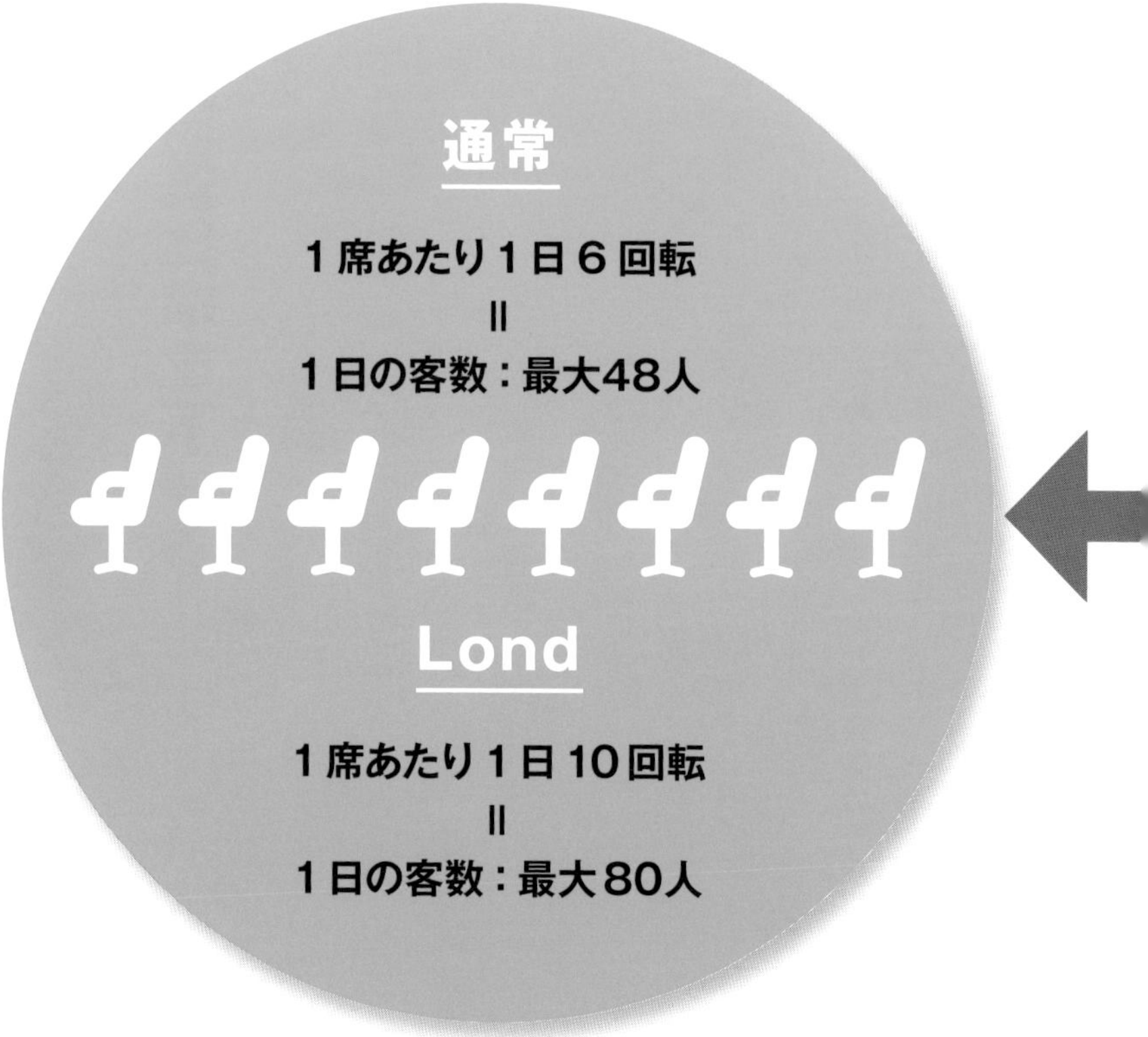
通常
1席あたり1日6回転
=
1日の客数：最大48人
Lond
1席あたり1日10回転
=
1日の客数：最大80人

# 回転率を上げる。家賃比率を下げる

サロンの滞在時間が長いことを、快く思っていないお客さまが少なくないことは知っている。だけど、改善のしようがない。予約の数をセーブすれば可能だが、それでは売上が下がってしまう。セット面、シャンプー台、アシスタントを全部増やせば対応できるけど、物理的に不可能。もはや、お客さまのサロン滞在時間が長くなるのは、仕方のないこと——と、半ばあきらめてしまっていた美容師の方もいるかもしれません。

Ｌｏｎｄでは、その対策として、先ほども書いたように施術スピードを上げることをサロンのルールに定めました。お客さまは、予想していた時間よりも早く施術が終わり、お会計を済ませてサロンを出ると、「今日はラッキー！」と感じる方が多いようです。この〝ラッキー感〟を1回だけでなく、毎回実感していただけるようにすれば、「Ｌｏｎｄはいつも早い」と印象付けることができ、サロンのイメージや次回の来店動機に大きなアドバンテージを得られます。

サロンにとっても、施術スピードを上げることが回転率アップへの第一歩なのですから、スピーディなサロンワークはお客さまにも、サロンにもメリットしかないわけです。

そして、回転率を上げると同時に、サロンの稼働時間を可能な限り増やして、売上に対する家賃比率を下げる作戦を立てました。美容業界の常識として、売上の10％を家賃に充てる考え方が主流ですが、Ｌｏｎｄではこの比率を下げ、浮いたお金をスタッフに還元することにしたのです。

家賃比率を下げるには、売上を増やすしかありません。最初に考えたのは、夜閉店後、翌日の開店までの時間帯に、サロンを使って別のビジネスができないか、ということでした。バー、整体、カフェ……アイデアは出てくるのですが、人件費がかかる割に収益があまり多くないことに気付きました。

そこで、思い切ってサロンの営業時間を長く設定し、定休日をなくしました。営業時間は、店舗にもよりますが、最も遅いサロンで夜11時まで。これは、人口が多い東京の中でも、特に中心部の店舗に限定した閉店時間です。

サロンを開けてさえいれば、お客さまがお見えになる――今は、そんな時代ではありません。集客力がなければ、成り立ちません。その対策については、後ほど詳しくお話しします。

スタッフの勤務体系はシフト制を導入し、早番・遅番で対応。法定労働時間を遵守しています。また定休日をなくした代わりに、ローテーションで週2日の休みを取ってもらっています。

## 店舗の稼働時間を増やして家賃比率を下げる

**例**

営業時間
11 時～ 19 時
月6日が定休日
↓
店舗稼働時間
**192**時間／月

**Lond 営業時間**

**（一部店舗のみ）**

**平日 10 時～ 23 時**
**土曜 10 時～ 22 時**
**日曜 10 時～ 20 時**
**年中無休**

**店舗稼働時間**

**374 時間／月**

## 稼働時間は約 2 倍

**※家賃が同額なら、営業時間当たりの家賃は半分**

## Londの本部オフィス

スタッフ数や店舗数が増え、事業規模がある程度大きくなってくると、本社機能を持たせたオフィスを構えるサロンも多いと思います。

ビルやマンションの一室を借り、全店の売上管理や店舗管理、経営陣・幹部スタッフのスケジュール管理などの役割も担うオフィスです。会議やミーティング、商談をするにも最適な場所です。

中には、本部直属のスタッフとして、美容学校や高校を対象とした求人活動専門の正社員を雇っているサロンもあると聞きます。

全ては、経営努力の賜物です。こうしてサロンやスタッフをバックアップする体制が整っていればいるほど、スタッフはよりサロンワークに専念しやすくなり、業績が上がっていく可能性が高くなるかもしれません。オフィスがあると、「企業」という印象がアップする気もします。

僕たちＬｏｎｄには、本部オフィスがありません。「僕たちにはまだ早い。ぜいたくじゃないか?」という、シンプルな理由によるものです。

会議や打ち合わせはカフェ。全店舗の全スタッフが参加する月例会はレンタルスペースなど、サロン外の場所で行っています。

売上管理や店舗管理は、6人の共同代表の中にいる担当者が受け持っていますが、本部オフィスのように固定された場所ではなく、カフェなどでフレキシブルにデスクワークをしています。

このように、本部オフィスがなくても成り立っているため、必要性を感じる時が来るまでは、今のままでいいと僕たちは考えています。

オフィスがない分、対面しながらのコミュニケーションが減る一面もあるものの、毎週行っている代表会議で必ず会えるため、特に困ることもありません。

僕たちはＬｏｎｄを設立した当時から、潤沢な資金があったわけではありませんでした。少ないお金を工夫して、やりくりしてきました。本部オフィスをつくり、専属の事務スタッフを迎え入れるだけの経済的な余裕がなかったわけですが、今では、これでよかったと思っています。

また、仮に専属スタッフを雇う余裕があったとしても、果たして優秀な人材を確保できるのだろうか、という不安もありました。裏方として必要な業務の中で、僕たち6人では対応できない仕事があれば、アウトソーシングという形で外部の優秀な専門家に依頼した方がいいだろう、という結論に至ったのです。

アウトソーシングの費用はかかりますが、オフィスの家賃や専属スタッフの人件費に比べれば、コストの抑制につながります。浮いたコストをスタッフの歩合に回していることも、Ｌｏｎｄがスタッフの好待遇を実現できている一因です。

本部オフィス　設置例

家賃　　　20万円／月
専属スタッフ　２名
給与　30 万円× 2／月

年間　約1000万円

優秀な専属スタッフを
確保できるか？

有能な人材がいる
アウトソーシングを活用

今のLondに
オフィスは必要か？

必要な時が来たら設置

# 守りの経営と攻めの経営

Ｌｏｎｄがオープンした当時は、僕たち6人以外にスタッフはおらず、全員が毎日プレーヤーとしての仕事に忙殺されていました。

アシスタントがいないので、サロンワークの全てを自分たちでやらなければなりません。1人では複数のお客さまを同時に施術することが難しく、予約の数を少なめに設定しなければいけないため、個人売上は一番多い人で月１００万円程度でした。

営業後は毎日6人でミーティングし、終了後は夜遅くまで開いている銭湯へ行き、ひと風呂浴びてサロンへ戻り、シャンプー台に寝泊まりする毎日でした。

その頃から、将来的な出店構想だけは6人の中でしっかりと描いていました。出店が決まってからスタッフを募集する形ではなく、店舗を任せられるスタッフを育てて、それから出店を決めるという「人ありき」の店舗展開です。

オープン1年目の冬に初めてのスタッフ（スタイリスト）を迎え入れ、2年目に初めて出店しましたが、その時点では、さすがにまだスタッフが育っていたわけではありませんでした。共同代表の6人が各自で新店舗の責任者を務める形で、Ｌｏｎｄの出店を始めたのです。

1号店からは1人、また1人とオープニングメンバーが新店舗へ移っていきましたが、抜けた分の戦力は美容師経験者を中途採用することで、戦力ダウンを最小限にとどめました。

オープニングメンバーであり、共同経営者である6人が、それぞれ担当する店舗を受け持つ形で、5年目の秋には海外出店（インドネシア・ジャカルタ）を含めヘアサロン5店舗、アイラッシュサロン2店舗を出店するに至りました。

ここまでは、繰り返しになりますが共同経営者の6人が手分けをして、出店していった形です。同時に、新規出店のノウハウを手探りで蓄積していった時期でもあります。

経営に「守り」と「攻め」があるとするならば、この時期までのＬｏｎｄは、表面的には「攻め」のスタンスではあるものの、育てたスタッフに新店舗を任せていたわけではなく、共同経営者6人がそれぞれサロンを持ったという意味で、まだまだ「守り」に軸足を置いた店舗展開をしていました。

その頃になると、かつて中途採用でＬｏｎｄの仲間になってくれたスタイリストたちが店長、リーダーとして頭角を現すようになってきていました。そして6年目から、当初の目標であった「人を育てて、出店する」方式に切り替え、意欲のある店長たちとともに、本来目指していた「人ありき」での出店が始まりました。

先にサロンをつくってから人材を募集するよりも、人が育ってからサロンをつくる方が、Ｌｏｎｄらしさが受け継がれていくように感じます。出店によって、リーダークラスがサロンを異動することになりますが、その分を中堅・若手スタッフが埋めて、次のリーダーへ育っていく好循環が生まれているのも、Ｌｏｎｄの業績や新規出店が好調な要因になっています。

## 設立１年目～５年目

共同経営者６人が１人１店舗を受け持つ形で出店。
同時に新規出店のノウハウを学ぶ。

↓

### 攻めつつも、
### 守りに軸足を置いた出店

## 設立５年目以降～

**スタッフの成長に伴い、新店舗を任せる形で新規出店。**
**蓄積した新規出店のノウハウを生かす。**

↓

## 攻めの出店

第1章

# おさらい

**【スタッフ第一主義】**

スタッフの物心両面の幸福を追求することをサロン経営の軸に。スタッフの幸せが、お客さまの満足につながる。同時に、サロンの業績がついてくる。

**【チーム経営】**

美容師6人による共同経営。明確な役割分担の下、スタッフを育て、各自のサロンワークを最小限にとどめて、担当分野の業務に向き合う時間を増やす。

**【社長・幹部・スタッフのスピード差】**

Ｌｏｎｄは組織をけん引する機関車の数が6倍＝経営者1人のサロンに比べ、パワー、スピード共に6倍。スタッフが走るスピードも自然と上がる。

**【理念・指針・ビジョン】**

明確なビジョンを掲げ、ビジョン達成への道しるべとして経営理念・経営指針を作成。ビジョンと理念を重視した経営を貫く。

**【中価格帯の料金設定】**

高過ぎず、安過ぎない、中価格帯の料金設定を実現。「ターゲット層が通いやすい価格」をリサーチし、来店周期の短縮化でカバーする。

**【客層のターゲット設定】**

「銀座にいる28歳のＯＬ」。この世代が好きな女性像、好きな世界観等を徹底的にリサーチ。サロンづくりに反映させている。

**【全スタッフとの理念・指針・ビジョン共有】**

全スタッフ参加の会議「月例会」を毎月開催。経営状況や今後の事業計画等のほか、経営理念・経営指針・ビジョンを再確認し、改めて共有。

**【200人以上、全員正社員雇用】**

パート、アルバイト、業務委託契約、面貸し契約等のスタッフは1人もいない。全員が正社員。

**【家賃比率を下げる】**

サロンが休眠している時間を減らすことで、家賃を売上の10％よりも低い割合に抑え、その分をスタッフの歩合率に回す。

**【本部オフィス】**

維持費や人材確保の面などから、現時点では設置していない。

**【守りの経営と攻めの経営】**

設立からの5年間は、共同経営者6人が1人1店舗を受け持つ形で新規出店。5年目以降は、育ったスタッフに新店舗を任せる形で新規出店攻勢に転じた。

# 第2章

# Londの集客とサービス

## 業務委託サロンでの学び　その1

第1章でも書きましたが、僕たち6人はＬｏｎｄ設立前のある期間、全員そろって業務委託サロンで働いた経験があります。

当時は、ちょうど業務委託サロンが増え始めていた時期でした。僕たちも、気になる存在として業務委託という形態に注目していたわけですが、どんな仕組みで運営されているのか、そして、急成長の理由は何なのかを探る目的も兼ねて、実際に勤務することにしたのです。全員が週5日なり6日なりフルに出勤する形ではなく、それぞれが行ける日の行ける時間に勤務するという、気楽な契約で働き始めました。

結果的には、僕たちのサロン観、仕事観を180度変えてくれる貴重な経験となり、その後のＬｏｎｄにも大きな影響を与えることになりました。

まず、業務委託サロンには、すさまじい集客力がありました。当時、まだトップサロンが導入していなかったホットペッパービューティーを駆使した宣伝で、毎日何十人もの新規のお客さまが来店されるのです。誇大表現でも何でもなく、本当に毎日何十人もやってくる……それまで僕たちがそれぞれ勤務していたサロンだったらあり得なかった新規集客が、毎日当たり前のようにできている世界へ初めて足を踏み入れたのでした。

サロンは、新宿にありました。かわいくなりたい、きれいになりたい女性が東京で一番多く集まる街が青山・原宿であると思い込んでいた僕たちにとって、新宿での圧倒的な集客力は、衝撃以外の何物でもなかった、というのが率直な気持ちです。

いざ業務委託サロンで働いてみて分かったのは、集客力の秘密が、猛威を振るい始めていたホットペッパービューティーへの掲載であることと同時に、料金の安さと施術スピードの早さにあったことです。

低料金で、短時間の施術——同じフロアで働くスタイリストは、美容師として育った環境やキャリアがバラバラのため、必ずしも全員がクオリティの高いヘアスタイルを提供しているとは言い切れませんでしたが、安さと早さ、特にスピード感は見習うべきものがありました。お客さまが何度でも通いたくなる理由もそこにあるのだな、と僕たちは分析しました。

施術時間は、サロンのルールで、カット＋ヘアカラー＋トリートメント＋シャンプー＋ブローを必ず1時間30分以内に終わらせることが徹底されていました。それまでの僕たちの常識では、同じメニューで2時間30分が標準タイムでした。混雑状況によっては、3時間を超えることもありました。時間がかかる分、料金も高めに設定されていたわけですが、それを1時間30分以内で、なおかつ４９８０円で提供していたのです。

その業務委託サロンには、アシスタントはいませんでした。スタイリストがすべてを一人でやらなければなりません。ヘアカラーやパーマにおいて、薬剤を塗布したり、ワインディングする工程、その後の水洗などを全部一人で担当するのですから、一つ一つの工程をスピードアップする必要がありました。

6人が勤務した
業務委託サロンで受けた衝撃
新規集客の多さ
施術のスピード感
低料金

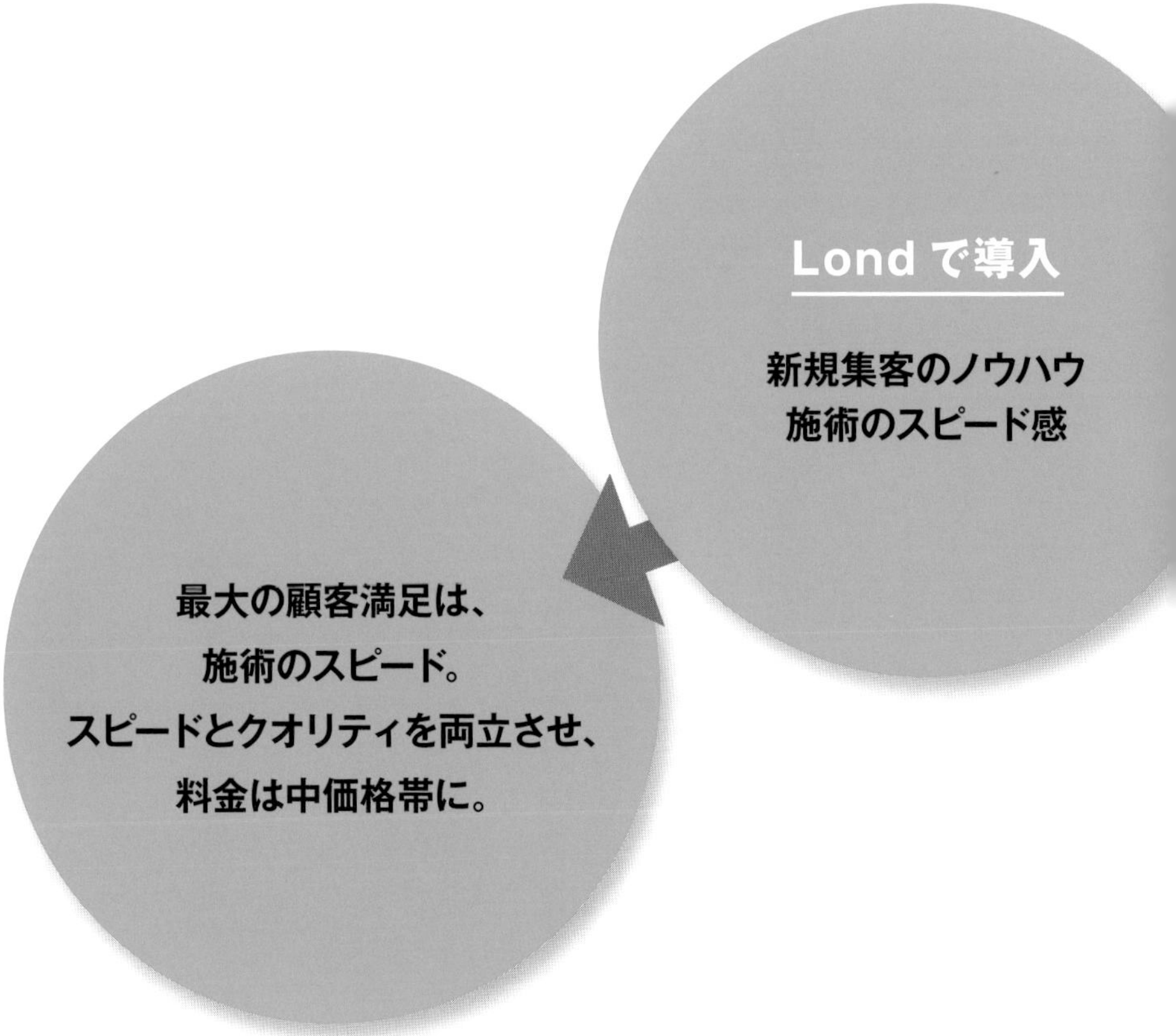
Londで導入
新規集客のノウハウ
施術のスピード感
最大の顧客満足は、
施術のスピード。
スピードとクオリティを両立させ、
料金は中価格帯に。

## 業務委託サロンでの学び　その2

施術スピードをアップすることで、集客さえできていれば、1日に担当できるお客さまの数は格段に増える――そんな当たり前の事実に改めて気付かされたのが、業務委託サロンでの日々でした。

まだトップサロンが導入していなかったホットペッパービューティーによる集客は、すべて会社がやってくれていました。そして、その効果は絶大でした。それまでの美容師生活で見たことがなかったくらいに多くの新規客が、毎日来てくださるのです。スタイリストは、たくさんのお客さまを均等に割り振って担当していました。

先ほども書いたように、アシスタントがいないため、1スタイリストが1日に20人、30人といった数のお客さまを担当することは難しいのですが、アシスタントの人件費が不要な分も含めて、高い歩合率でスタイリストに還元されていたのだと思います。

シャンプーやトリートメント、ヘアカラー剤、パーマ剤、スタイリング剤などはサロン側で用意してくれており、自由に使うことができました。もちろん、使用量の制限などは一切ありません。使ったことのない剤も多かったのですが、使い慣れた剤に比べて仕上がりがどうだったかというと、思ったほどは悪くなかった印象です。

とにもかくにも、施術スピードを上げて、次から次へとやってくるお客さまをきれいにしていかなくてはいけません。要は、1つのセット面で、アシスタントを付けずに、1日にどれだけ多くのお客さまを施術できるか、という話なのです。つまり、1席あたりの回転率をいかに上げていくか、ということです。

カジュアルなプライスで本格フレンチやイタリアンを味わえる「俺の〜」が回転率にこだわったように、僕たちが働いた業務委託サロンも、回転率に経営のヒントが隠されていました。単価は安くても、圧倒的な集客力で多くのお客さまに来店していただき、収益を上げていく。これは単刀直入に、Ｌｏｎｄでも真似してみたいと思ったノウハウです。

サロンの社長には近い将来、僕たち6人でＬｏｎｄをつくることは最初に伝えていました。その後、勤めていた業務委託サロンが新規出店することになった際は、6人のうち2人をオープニングスタッフとして、開店準備や必要な手続き等にも関わらせてくれました。社長のご厚意で、新店舗の出店に関する実務も、身をもって経験することができたわけです。

業務委託サロンでの勤務を通して、僕たち6人の頭脳が、いかに青山や原宿のサロンの常識で凝り固まっていたかを思い知らされました。ここでの日々を経験せずにＬｏｎｄを立ち上げていたら、たぶん、いや間違いなく失敗していたのではないかな、と痛感しています。

# 中価格帯を可能にするサロンワーク術

かつて、僕たちがそれぞれ働いていたサロン（業務委託サロンより前のサロン）では、カット＋ヘアカラー＋トリートメントではほぼ2時間30分、料金は1万6千円前後でした。

業務委託サロンでは、同じメニューが2時間以内、料金は４９８０円。施術時間は最長1時間30分までというルールでしたが、僕たちも含めほとんどのスタイリストが1時間15分前後で終わらせるスピーディな仕事をしていました。

Ｌｏｎｄは、同じメニューをやはり2時間以内と定め、料金は1万6千円と４９８０円の中間よりやや安い、７９８０円に設定しています。

業務委託サロン並みの施術スピード感。料金は、（詳しくは後ほど書きますが）銀座のようなブランド感のある立地で、高くはないが激安でもない、「俺の～」のような価格設定。肝心のヘアスタイルは、青山・原宿のトレンド感。カジュアルプライスサロンと高単価サロンの、いわば「いいとこどり」のハイブリッドサロンを目指したのが、Ｌｏｎｄなのです。

一等地でお手頃感のある価格を打ち出す以上、回転率を高めなければ、収益は上がらず、経営理念である「スタッフに物心両面の豊かさを」が達成できません。そして、何度も書いていますが、回転率を上げるには仕事のスピードアップが必須です。

僕たちは、ヘアサロンにおける顧客満足とは、突き詰めていくとスピードに集約されるのではないかとさえ思っています。お客さまの視点で見れば、ヘアサロンはとかく滞在時間が長くなりがちです。施術が終わり、お会計をしていただく頃には、ぐったり疲れきっている方も少なくありません。サロンの帰りに整体やマッサージへ行き、サロンでの長い滞在時間で凝り固まった体をほぐしてから帰宅されるお客さまもいるといいます。

Ｌｏｎｄでは、スタイリストに「急ぐこと」を意識させています。「ゆっくり、丁寧に」ではなく、「スピーディに、丁寧に」――それが、Ｌｏｎｄにおける正義の一つです。スピーディに施術して、早くお帰りいただくことが、最大のサービスであると僕たちは考えているからです。

ワインディングやヘアカラーの施術は、手を早く動かすことがそのままスピードアップに直結しますが、サロンに滞在されるお客さまと美容師の間には、ちょっとした〝隙間タイム〟が生じてしまいがちです。

スタイリストやアシスタントの手が空くのを待つ、シャンプー台が空くのを待つなど、1回の来店でも〝隙間タイム〟が積み重なると、お客さまは心理的に「待たされ過ぎ」という印象を抱きやすいもの。こうした時間を減らせば減らすほど、お客さまの時間的な満足度も高まっていきます。

# 定休日と営業時間の考え方

Ｌｏｎｄは、セット面8～10面前後、店舗面積30坪程度の中規模サロンに絞った出店をしています。これは、スタッフの好待遇実現へ向け、家賃が高くなり過ぎないことを第一に考えたためでもあります。

セット面が多く、店舗面積も大きい大型サロンの場合、スタッフを多く揃えて、集客さえできていれば、数字上の売上はかなり増えると思います。ただ、高額な家賃が経営上の足かせになる（売上に対する家賃比率を下げることが難しくなる）と、いつまで経ってもスタッフへの還元が好転しない可能性が高まるわけです。

中規模サロンで、スタッフへの好待遇を実現するために、どうやって売上を伸ばしていくか――これは、とても難易度が高い経営課題です。僕たちは、この難問に挑み続けています。

Ｌｏｎｄの設立にあたって、最初に考えたのは、24時間営業・年中無休で商売を営むことができないだろうか、ということでした。ヘアサロンとしての24時間営業ではなく、夜から朝にかけては、別の業種（バー、カフェなど）でオープンするのです。

これができれば、同じ〝箱〟での売上が、ヘアサロン単独よりも増加するはず……との皮算用でしたが、まず営業許可の問題があります。仮に実現したとしても、夜間の人件費など諸事情を勘案すると、利益を生み出すイメージも湧かず、結局断念しました。

現在、Ｌｏｎｄでは定休日なし、営業時間（平日）は午前10時から午後11時まで（スタッフはシフト制。土日祝日は閉店時間が早まる）という形態を一部の店舗、特に都心部（銀座、表参道、恵比寿）で実施しています。

夜間人口も多い都心部でしかできない方式ですが、お客さまには「いつでも開いている」という安心感、スタッフには「フレキシブルに働ける」という利便性を提供できていると思います。Ｌｏｎｄのターゲット層である「28歳のＯＬ」にとっても、会社帰りに立ち寄ることができるというわけです。

定休日を設け、１日の営業時間を9時間程度に設定するのが美容業界の常識ですが、この常識の範囲内でのサロン経営では、よほど高単価で集客力がない限り、売上を増やすのが困難です。すなわち、スタッフへの好待遇を実現するのが難しく、「美容師＝低賃金」の図式から抜け出せません。

とはいえ、こうして深夜まで営業する形態が、業界の商習慣にそぐわないものであることは、僕たちも知っています。そのため、先に書いた都心エリアに絞って、限定的に実施しているわけです。

都心の一等地で中価格帯の料金設定・スピーディな施術で回転率を高める・年中無休・夜11時までの営業。ここに集客力を加えて、スタッフに物心両面の豊かさを実現できるようになったのがＬｏｎｄなのです。

## Londの基本的なサロン規模

店舗面積：30坪程度
セット面数：8～10面

★家賃を一定以下に抑える
★スピーディな施術を後押しする環境

## 一部店舗（都心のみ）での定休日と営業時間

定休日：なし
営業時間：平日午後11時まで

↓

★夜間人口が多いエリアのみ

↓

**1席あたり6回転→10回転へ**

# 明朗会計——偽りのない中価格帯

「カット料金〇〇円！」というような、お得感のある価格を打ち出して集客しておきながら、トリートメントだ、指名料だ、レングス別料金だ、ブロー代は別だなど、なんだかんだと料金が上乗せされていく。結果的には、当初のお得な価格はどこへやら、全然安くないサロンで嫌な思いをしたことがあるというお客さまの話を時々聞きます。

サロン側にしてみれば、あくまでもカット料金のみを安く打ち出しただけで、悪いことはしていないし、嘘も偽りもない、何も間違っていない、ということになるのかもしれませんが、今どきそんなことをしたら、サロンに対する信頼など得られるはずがありません。紹介や口コミにもつながらない。ましてや、SNSなどデジタルコミュニケーションツールが全盛の中で、お客さまの目線で見て「料金に疑念あり」のサロンは、瞬く間に友人・知人へ拡散されてしまいがちです。「こういうことをするから、美容室（美容師）って信用できないんだよなぁ」と、社会から厳しい目で見られることにもなりかねません。

Ｌｏｎｄはそのようなカラクリがない、打ち出している価格通りの明朗会計であり続けることを徹底しています。サロンの立地にかかわらず、とことん中価格帯の明朗会計なのです。だからこそ、お客さまが安心して通い続けてくださっているのだと思います。

明朗会計のメリットは、経営面でいえば、売上予測や予算案の立てやすさにも直結しています。プラスアルファを上乗せした希望的観測に基づいた数字ではなく、極めて現実的な数字で予測できるため、売上における計画と実績の差がほとんどないのです。これはＬｏｎｄならではの特徴で、巡り巡って、クリーンな決算書の作成にまでつながっていくわけです。

そして、決算書がクリーンであればあるほど、銀行など金融機関からの信頼・評価が高まります。いざという時の融資などでも、厳しい条件が付帯されていたり、認可に時間がかかるといったストレスがなく受けることができるようになります。

もちろん、サロンの節税対策の一環として、あえて明朗価格を打ち出さない方法があることも知っています。Ｌｏｎｄは、たくさん納税することも立派な社会貢献であり、決して大きな規模ではありませんが企業としての責任でもあると考えます。これは、美容師の社会的地位向上にもリンクしてくるはずです。節税したお金をスタイリストの歩合率に上乗せして、好待遇を実現することもできるかもしれませんが、それは僕たちの本望ではありません。

話が脱線しましたが、明朗会計はお客さまだけでなく、Ｌｏｎｄにとってもメリットだらけなのです。

## 追加料金なし・明朗会計のメリット

### お客さまとの関係性

★安心・信頼
★口コミ・紹介・リピートにつながる

## 経営上の利点

★売上計画や予算案が立てやすい
★クリーンな決算の一因に

# 顧客ターゲットと出店エリアの関係性

Ｌｏｎｄのターゲット客が「28歳のＯＬ」であることは、すでに書いた通りです。

オープン当時の僕たち６人が28歳であったこと、その世代の女性たちが学生時代や社会人１～２年目の時に比べ、経済的に少し余裕が出てくることなどが主な理由ですが、スタッフがスタイリストデビューし、仕事に慣れる20代半ば過ぎから後半にかけて、脂が乗り始めてくる時期と重なることにも関係しています。

美容師として最も勢いがあり、意欲やモチベーションが高い時期に合致する客層が、28歳の働く女性であるという想定に基づいてもいるのです。

そして、28歳のＯＬが１ヵ月半に１回通うことができる料金（経済的に少し余裕が出てくるからといって、決して高単価は狙わない）で、会社帰りに立ち寄れるサロン。「素晴らしい技術、素晴らしいサービス、素晴らしい空間を。しかも、驚きの価格で」というキャッチコピーに偽りのないサロン。いつ行ってもスピーディな施術で、中価格帯の明朗会計を貫くサロン。

――これらによって、Ｌｏｎｄは多くのお客さまに支持していただけるようになっていきました。

そして、新規出店にあたっては、「会社帰りに立ち寄ることができる」という観点から、出店する街を絞り込んでいきました。

1号店がある銀座に3店舗、表参道と恵比寿に1店舗ずつありますが、この他に池袋、北千住、錦糸町。東京23区外では吉祥寺、立川、大宮（埼玉県さいたま市）などに直営店を出店しています。

いずれも、ルミネのような、洗練されたおしゃれなイメージのファッションテナントビルが駅近にある街です。会社帰りのＯＬが、ふらっと足を運ぶ場所でもあります。

とはいえ、こうしたエリアへの出店をためらうサロンがあることも、分かります。実際、僕たちが小中学生だった頃は、治安が悪そう、おしゃれじゃない、といった印象だった街もありますが、その後の大規模な再開発で、昭和や平成初期までのイメージとはガラリと変わっています。昔を知らない世代が大人になり、今では身近なファッションタウンという様相を呈して、にぎわっています。

青山・原宿エリアのサロンで育った僕たちが、青山・原宿への出店に固執せず、都心から少し離れた場所にまで出店するようになったのは、業務委託サロンでの勤務経験も影響しています。「美容室の聖地」ではあり得なかった、圧倒的な集客力を見て、美容師への待遇を本気で変えるならば、聖地にこだわり過ぎる必要がないことを実感したのです。

僕たちＬｏｎｄの出店は、サロンのイメージを守りつつも、美容師の待遇改善を第一に考え、そこから逆算したものでもあるわけです。

## 出店エリアについて

★「28歳のOL」が会社帰りに
ふらっと買い物するエリア
★ルミネのような
ファッションテナントビルがある街

## “サロンの聖地”に
## こだわり過ぎない

★再開発等で、おしゃれなイメージに
生まれ変わった“乗り換え駅”周辺にも出店
★店舗面積30坪、セット面8～10面

# 集客について　その1

Ｌｏｎｄがオープンした当時、銀座の1号店は店舗面積30坪・セット面が8面。スタッフ6人（全員スタイリスト兼共同経営者）、アシスタントなしで、売上は全員合わせて月５００万円程度でした。

最も売上が多いスタイリストで１００万円、他のメンバーは70～80万円前後。独立前と違い、アシスタントはおらず、使えるセット面の数も少ないため、予約の数を多く入れることはできません。各自の個人売上が減り、この程度に収まるであろうことは、オープン前からの想定内でした。

これに対し、家賃がほぼ１００万円。加えて、ホットペッパービューティーに毎月50万円かけていました。常識的に考えれば、家賃は50万円程度に抑えるべきだったのかもしれませんが、銀座では15坪程度の物件になってしまいます。6人でスタートするには、ちょっと狭いわけです。そこで、僕たちは大胆にも家賃１００万円の物件を契約したのでした。

売上500万円に対して、家賃比率が20%、ホットペッパー比率が10%という状況です。オープン間もない時期だったため、仕方がないものと割り切ってはいましたが、この事態が続くようだと、苦しい経営になるであろうことは6人とも認識していました。

ただ、当時ホットペッパービューティーのエリアアクセスランキングで、銀座は常に最上位でした。ユニクロやH&M、ZARAなど、ファストファッションの大型店が続々と銀座へ進出し、銀座が20代の一般的な女性にも親しみやすい街に変わり始めていたことが、ランキングに影響していたかもしれません。

こうした背景が追い風となり、Londはスタートを切ることができました。ホットペッパービューティーだけでなく、「素晴らしい技術、素晴らしいサービス、素晴らしい空間を。しかも、驚きの価格で」スピーディな施術を徹底し、カラクリなしの明朗会計も手伝って、口コミや紹介が急増していきました。

その結果、ホットペッパービューティーと口コミ・紹介のダブル効果で、月平均400人以上の新規客が来店するようになりました。月400人以上という実績が一時的な達成だけで終わらず、何年も続いているのは、うれしい誤算でした。1ヵ月半に1回来店される既存客と合わせて、経営を軌道に乗せることができるようになっていったのです。

ホットペッパーは今、掲載サロン数が増えた影響もあり、近年はミニモからの予約も増えています。ホットペッパーと並ぶ集客ツールとして活用しています。

もう1点、見逃すことができないのが、スタッフによるSNS、とりわけインスタグラムによる集客です。インスタグラムもほとんどのサロン、美容師が活用しており、差別化が難しいわけですが、この状況下でバズったスタッフが出現したのです。

## 集客について

★ホットペッパー、ミニモ、SNS
★中価格帯の明朗会計
★口コミ、紹介へ

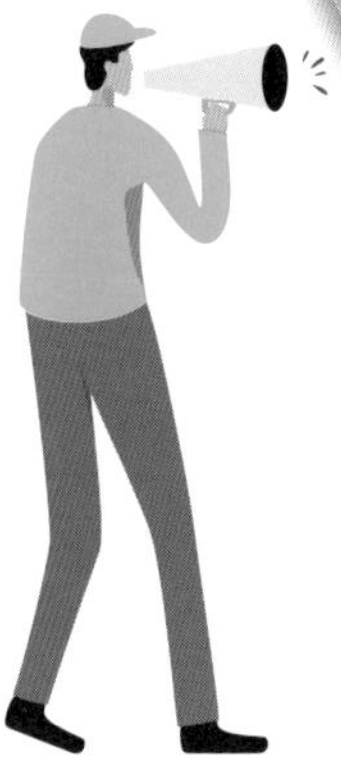

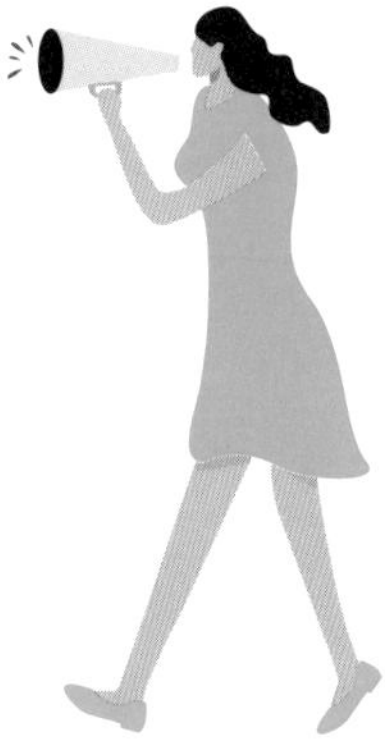

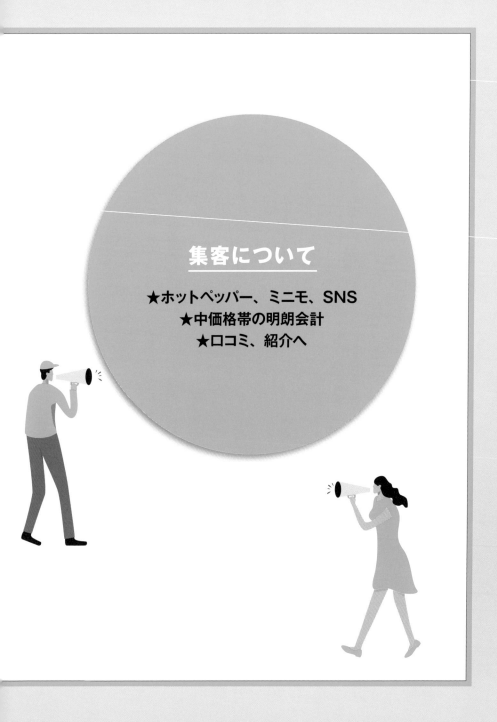

## リピートについて

★気軽に来店できる料金設定
★ハイクオリティ、ミドルプライス
★会社帰りに立ち寄れる場所

## 集客について　その2

中途採用で入社したスタイリストのインスタ投稿がバズり、新規指名客が急増した出来事がありました。それは、前髪のビフォーアフターを比較した写真の投稿でした。前髪次第で、これだけかわいくなれる、若々しくなれるという実例です。

毎日多くの女性の髪に接している美容師にとっては、当たり前の内容なのですが、あまりにも当たり前過ぎて、見落としていた盲点だったのかもしれません。お客さまにとっては新鮮で、目新しい情報だったわけです。

その効果で、月平均１００人の指名客が新規で来店するようになりました。以前からの顧客と合わせて、一気に指名客数が増え、個人売上はたちまち月２００万円を超えるようになったのです。

周りのスタッフたちは、「すごい！」「うらやましい！」と同時に、「200万、いけるんだ」「この規模感のサロンで、できるんだ」といった反応も多く、新たな刺激と活力になっていきました。

一昔前であれば、女性誌のヘア特集に載ったスタイルが受けて、指名が増えることはありましたが、最近は以前ほどの女性誌効果がありません。そんな中、身内のスタッフがインスタでバズって新規指名が急増したのは、とても興味深い事実でした。決してインスタのフォロワー数が多くないにもかかわらず、です。

そのスタイリストが、気さくでオープンな性格であることも幸いし、インスタでの成功体験をスタッフ全員に伝え、効果が出る発信の仕方を共有してくれました。フォロワー数が多いか少ないかはほとんど関係がなく、投稿する内容、写真の撮り方・見せ方、ハッシュタグに使う言葉、発信する時間帯などによって、反応の良しあしが決まることが改めて分かってきました。

以来、SNSの活用に対するスタッフの意識が変わりました。ただ漠然と発信している限りは、成果に結び付きにくいことを学習したのです。特に、フォロワー数の少なさを気にかけなくてよいことは、多くのスタッフに安心感と前向きな力を与えてくれました。

こうした取り組みが功を奏したのか、Londの来店客数は増え続け、オープン時に月500万円だった1号店の売上は、MAX1500万円にまで増えたのです。

店舗拡張もせず、オープン時と同じセット面数で達成した売上です。これまで書いてきたように、今どきのヘアスタイルをスピーディな施術と明朗会計で提供することによる口コミ・紹介の増加と、リピート客の多さ。高単価よりも、気軽に通いやすい中価格帯。ホットペッパービューティー、ミニモ、インスタによる新規集客。これらが見事にかみ合い始めたのです。

# 施術メニューについて

Ｌｏｎｄはスピーディな施術で、カット＋カラー＋トリートメント＋シャンプー＋ブローが1時間30分以内に終わることを売りの一つにしています。平均すると、来店から1時間40分で施術を終えています。このスピード感＝サロンに滞在する時間の短さがお客さまの満足につながっている面は、間違いなくあると思います。

そのため、というわけではないのですが、ヘッドスパのような癒やし系メニューは、スタッフがトレーニングを積んで、気持ちのいいスパを提供できるレベルではあるものの、お客さまにはあまり積極的にお勧めしていません。

いずれも、何が何でも絶対にやらないというわけではなく、お勧めはしていないというレベルで、ご要望があると喜んで施術させていただいています。

その代わり、すべてのメニューにトリートメントを付けています。ほとんどの女性が、手ざわりの良い髪を望んでいるからです。また、髪のコンディションを整えることが、どんなヘアスタイルにも必ずプラスに作用するためでもあります。Ｌｏｎｄでは、トリートメント比率が１００％なのです。

そして、当たり前と言ってしまえばそれまでなのですが、シャンプーには力を入れています。これも、全メニューに付いているものです。どれだけスピーディで、お得感のある料金であっても、シャンプーが下手だと全てが台無しになってしまうのです。お金をかけたホットペッパービューティーによる集客を、「シャンプーが下手」「気持ち良くない」といった理由で無駄にしてしまうことほど、残念な出来事はありません。「シャンプーが上手なサロン」というだけでも、リピートの要因になりますし、口コミ・紹介のきっかけにもなります。僕たち6人の中には、かつてアシスタント時代、シャンプー日本一と評され、噂を聞きつけたさまざまな美容メーカーの方々がサロンへ日参して彼のシャンプーを受けた、伝説のシャンプーマンがいます。そんな背景もあり、気持ちのいいシャンプーに対する思い入れは強いサロンだと思います。

男性客に関しては、積極的な集客はしていません。ホットペッパービューティーもホームページもＳＮＳも、メンズヘアは発信していません。それでも、気が付けば来店客数の1割程度が男性になっていました。家族や恋人の紹介、会社帰りに来ることができる点などが、来店のきっかけになっているようです。

# 時代に即した店販

Ｌｏｎｄでは、独特の店販を実施しています。その代表的な例は、シャンプーの量り売りです。詳しくは第3章で触れますが、Ｌｏｎｄ全体で取り組んでいる事業の一つに、環境問題対策があります。昨今の気候変動や海洋プラスチック問題等を鑑みて、ＣＳＲ（企業の社会的責任、社会対応力）の一環として、取り組んでいます。

日本、そして世界にさまざまな環境問題がある中で、時々ニュースにもなっているのが、プラスチックゴミによる海洋汚染問題です。ゴミの投棄による海洋汚染や生態系の破壊だけでなく、マイクロプラスチックという微粒化されたプラスチックが、海の生き物の体内に蓄積され、そのまま食用として流通しているともいいます。つまり、人間の体内にも蓄積されているというわけです。

そうした問題の防止対策＝プラスチック容器の再利用とも密接に関連しているのが、Ｌｏｎｄのシャンプー量り売りなのです。

他業種では、お菓子や食品、洗剤など、量り売りを推進する店舗が少しずつ増えてきています。いずれもパッケージフリー、プラスチックフリー、フードロス削減などを目的としたものですが、Ｌｏｎｄではシャンプーボトルやリフィル用の容器を用意せず、お客さまにマイボトルを持参していただき、必要な量だけを買っていただくシステムで実施しています。

スタートしてから日が浅い中、開始から半年で１００リットル以上を販売しました。お客さまにとっては、来店前に自宅で容器を準備し、持参して、サロンからの帰りは荷物になる煩わしさがあるにもかかわらず、多くの方から共感をいただいています。

Ｌｏｎｄでは、4リットル入りのシャンプー容器から、必要な分をお客さまがマイボトルに入れる形で量り売りする方式です。そして、4リットル入りの容器が空になる（売り切れる）たびに、児童養護施設へシャンプーを1ボトル、プレゼントさせていただくという活動を続けています。

これも後ほどお話ししますが、Ｌｏｎｄでは社会貢献事業の一環として、スタッフが毎月児童養護施設へ出向き、ボランティアカットをしています。

施設にいる男の子、女の子たちの髪をカットする中で、お小遣いでは満足なヘアケアができない悩みを抱えている女子中高生が少なくないことに気がつきました。

そこで、シャンプーの量り売りを、脱プラスチック運動だけで終わらせず、一定量（4リットル入り容器）が売れたらシャンプーを児童養護施設に1本プレゼントしよう、ということになったのです。施設にいる女の子たちの髪の悩みが少しでも解消できたら、Ｌｏｎｄとして、これほどうれしいことはありません。

## 量り売りについて

★シャンプーの量り売りについては、衛生管理を含めた販売者向けのルールが厚生労働省から通達されており、Londはすべて遵守した上で実施している（販売責任を明確にするため販売者の氏名、住所、売ったリフィルの番号、日付を明記した、全成分表示の紙をお渡しする）。

★前もって小分けしておいたものを販売するのは、“小分け製造行為”に該当し、「小分け販売」と見なされ容認されていない。お客さまの前で、別の容器に詰め替えての販売は「分割販売」として認められている。Londは後者。

## 時代に即したサービス

シャンプーの量り売りに限らず、店販商品の販売にあたっては、商品を入れる袋の提供を廃止しました。スーパーマーケットやコンビニのレジ袋が軒並み廃止（有料化）されたように、これも脱プラスチック運動の一つです。

Ｌｏｎｄで代わりに用意した有料の袋は、ＦＳＣ（森林管理協議会。責任ある森林管理を世界に普及させることを目的に設立された国際的な非営利団体）認証の紙袋です。ＦＳＣ認証林およびその他の管理された供給源からの原材料でつくられた紙袋で、無秩序な森林破壊の末につくられた紙を使用していないことの証明になっています。

店販の話からは離れますが、Ｌｏｎｄは「ｍｙ ｍｉｚｕ」というプロジェクトに参加しています。

これは、飲み物が欲しくなるたびにペットボトルを買う習慣をやめ、マイボトルを持ち歩くことで、少しでもプラスチックの削減につなげていこうという世界的な運動です。どなたでも参加できるので、この本をお読みになられている経営者や美容師の方、ご興味があったらぜひともご参加ください。

「ｍｙ ｍｉｚｕ」のアプリをダウンロードすると、無料で給水できるスポットを探すことができます。このスポットは国内外に20万ヵ所あり、東京だけでも多くのショップ（アパレルや生活雑貨店、飲食店など）が参加しているのですが、Ｌｏｎｄも給水スポットとして登録し、微力ながら脱プラ運動に貢献しています。おかげで、ヘアなど美容での用事がなくても、マイボトルに給水するためだけにサロンへ立ち寄ってくださる方がいらっしゃいます。

このように、社会貢献や環境問題などにもサロンとして関心を持ち、真剣に取り組んでいると、Ｌｏｎｄを見るお客さまの目が変わります。スタッフも、日頃の生活や行動を見直すきっかけになり、国内外で起きているさまざまな問題に意識が向くようになります。最近はこうした問題に関心を持つ美容学校生がいて、面接の際に熱く語ってくれる人が増えてきました。

同業の経営者や美容師の方たちからは、こうしたＬｏｎｄの活動を知り、「ホットペッパーで成功した安売りサロンだと思っていたが、違っていた」と、お褒めの言葉をいただく機会が多くなりました。

これらの取り組みは、一時的なマイブームではなく、サロンの売名行為でもなく、僕たち6人がＳＮＳなどを通じて知った、現在進行形で起きている地球環境の危機に端を発したものです。一経営者として、できることから始めました。

また、経営的な側面からも、こうした活動に積極的に取り組む企業やショップの商品、サービスを選んで購入する消費者が増える時代が、そう遠くない将来にやってくるのではないか――僕たちは、そんな気がしています。詳しくは、別のページでお話しします。

# ストーリーテラー

いいレストランへ行くと、「○○産のビーフです」「△△で採れた野菜です」というような、料理に使われている素材に関する説明が必ずあります。ワインやシャンパンなどに関しても、同様です。生産された年や、素材の産地などについて、分かりやすく教えてもらえます。

そんなちょっとしたエピソードを聞くと、料理やアルコール類に対するありがたみが増したり、生産者の方が収穫する姿を想像してみたり、崇高な味がするような気分になるから不思議です。

アパレルのショップでも、洋服の素材について話してくれる店員さんがいます。素材の話を聞くと、縫製の工程を思い浮かべたり、洗濯は大丈夫かなと心配してみたり、その服が高貴なものに見えてきたりして、説明なしで買う場合に比べると、やはり思い入れが生じやすくなるように感じます。

美容師も、このようなストーリーテラー的な要素をもっと持ち合わせていいのではないかと僕たちは考えます。

シャンプーしかり、トリートメントしかり。パーマ剤やヘアカラー剤、スタイリング剤も同様です。もしかすると、シザーズやコーム、ロッドなどについてお話ししてみるのも、ありかもしれません。

決して上から目線ではなく、長ったらしい話でもなく、恩着せがましくなく。さらっと優しく、さりげなく。こうして〝伝えること〟がサロンの文化になれば、スタッフは自発的に商品の背景を調べたり、お客さまに理解してもらいやすい言い方を自分で考えるようになります。いわば、コミュニケーション能力が一層高まるというわけです。ヘアケアやビューティの情報をお客さまへ伝え、共有することも、立派なサービスの一環ではないかと思うのです。

お客さまにとっても、ヘアケアやメンテナンスをはじめ、美容への関心や理解が深まるきっかけになるのではないでしょうか。髪にいいものを使うことの大切さを、改めて認識していただける機会にもなり得ます。

Ｌｏｎｄは、料金こそ中価格帯だけれども、いいものをお客さまに使う、というモットーがあります。「こんなにいい商品を使っているのに、この値段⁉」といった新鮮な驚きを常に感じていただきたいし、喜んでいただきたい。僕たちの根っこにあるのは、そんなシンプルな思いです。

また、こうした〝伝える力〟〝分かりやすい言葉で説明する力〟は、サロン内での勉強会やミーティングをはじめ、さまざまな場面で応用が利くはずです。何よりも、いざという時にスタッフ自身を助けてくれる、貴重なスキルになります。教育に時間がかかるかもしれませんが、トライしてみる価値はあると思います。

# 第2章

## おさらい

### 【業務委託サロンでの学び】

ハイプライスサロンでキャリアを積んできた6人にとって、業務委託サロンで働いた経験は、特に施術スピードの早さという点において、衝撃だった。のちにＬｏｎｄで導入されることになる。

### 【中価格帯を可能にするサロンワーク術】

スピーディな仕事により、1席あたりの回転率を高め、1日に施術できる客数の最大化を図る。

### 【定休日と営業時間の考え方】

夜間人口が多い都心部の店舗のみ、営業時間を夜11時までに。定休日なし。スタッフは交代制で勤務。

### 【明朗会計——偽りのない中価格帯】

料金のカラクリや操作はせず、分かりやすい明朗会計がＬｏｎｄ流。お客さまの信頼・安心に。

**【顧客ターゲットと出店エリアの関係性】**

「28歳・OL」が会社帰りにショッピング等で立ち寄るエリアを中心に選定。

**【集客について】**

ホットペッパービューティー、ミニモ、SNSが主流。そこから口コミ、紹介へつながっていく。

**【施術メニューについて】**

すべてのメニューにトリートメントを付けている。髪のコンディションを整える＝お客さまはうれしく、美容師は施術しやすくなる。

**【時代に即した店販】**

法令を遵守したシャンプーの量り売りを実施。4リットルのリフィルが一つ空くたびに、児童養護施設へLondシャンプーを1本プレゼント。

**【時代に即したサービス】**

脱プラスチックに向け、さまざまな取り組みを実施中。地球環境保護の一環として。

# 第3章

# Londの人材育成と社会貢献

# Lond式2・6・2の法則

「2・6・2の法則」とは、組織や集団における、意欲的な人・普通の人・あまり頑張らない人の割合を示す言葉として知られています。どんな組織や集団においても、意欲的な人が2割、普通の人が6割、あまり頑張らない人が2割存在するという法則です。

例えば、より優秀な組織をつくるために、意欲的な人だけを集めて、新たな精鋭部隊、エリート集団をつくるとしましょう。しかし、結局はその中でさらに意欲的な人、普通の人、頑張らない人が2・6・2の割合に分かれていくといいます。逆に、頑張らない人だけを集めたグループをつくっても、最後は2・6・2に落ち着くそうです。

Ｌｏｎｄでは、仮に頑張らないスタッフが2割いたとして、その人たちをむげに扱うようなことは絶対にしません。むしろ、意欲的な2割の人に、Ｌｏｎｄから出て行ってもらいます——と書くと語弊があるのですが、つまり意欲的な2割の人には、新規出店サロンを任せる形で、さらに上の業務を担ってもらうのです。

これがＬｏｎｄの出店であり、人材育成でもあります。

意欲的なスタッフが新店舗へ移ると、残ったメンバーが新たなステージでの経験を積み、劇的に成長します。上にいたスタッフが異動する＝下にいたスタッフが伸びるのです。こうして、再び意欲的な2割の人たちが形成されていきます。

サロンに勢いが出る「瞬間最大風速」を記録するのは、新規出店のときではないかなと僕たちは考えています。勢いがない、または勢いが弱いサロンであるよりは、常に勢いが生まれ続けているサロンでありたい。そんな僕たちの思いと、絶え間ないスタッフの成長によって伸びているのが、Ｌｏｎｄなのです。

これが新店舗への異動ではなく、退職の場合は、話がやや異なってきます。下のスタッフが新たな経験を積み、成長するチャンスが到来するのは同じですが、サロン全体の業績が伸び悩み始めることがあります。個人売上が極端に下がったスタイリストがいないのに、全体の業績は緩やかに落ちていく――その原因は、スタッフの退職にあります。スタイリストにせよアシスタントにせよ、人が辞めるということは、中長期的な視点で見ると、巡り巡って業績にマイナスをもたらすのです。

Ｌｏｎｄの場合、退職ではなく出店に伴う異動のため、全体の業績が下がることはありません。そういう意味においても、僕たちは出店を大事にしています。設立5年目を過ぎたあたりから、ハイペースで出店をしていますが、その理由は、新店舗を任せられるだけの優秀な人材がたくさん育っているから、と胸を張って言い切ることができます。スタッフが辞めないからといって、組織が硬直化したり、マンネリ化することがありません。むしろ新規出店のたびにＬｏｎｄに勢いがつき、さらに加速して走り続けているわけです。

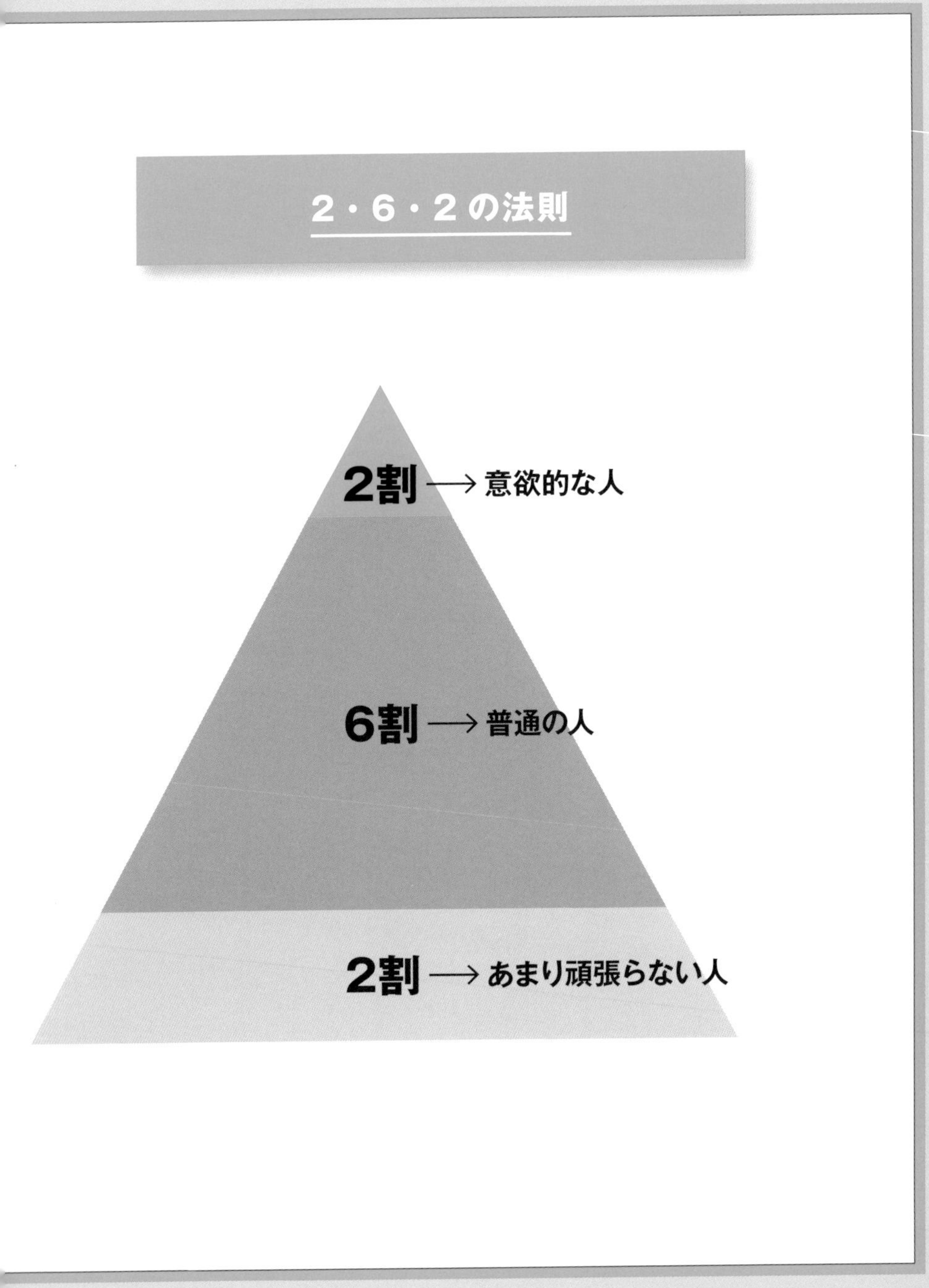
2・6・2の法則
2割 → 意欲的な人
6割 → 普通の人
2割 → あまり頑張らない人

## Lond式２・６・２の法則

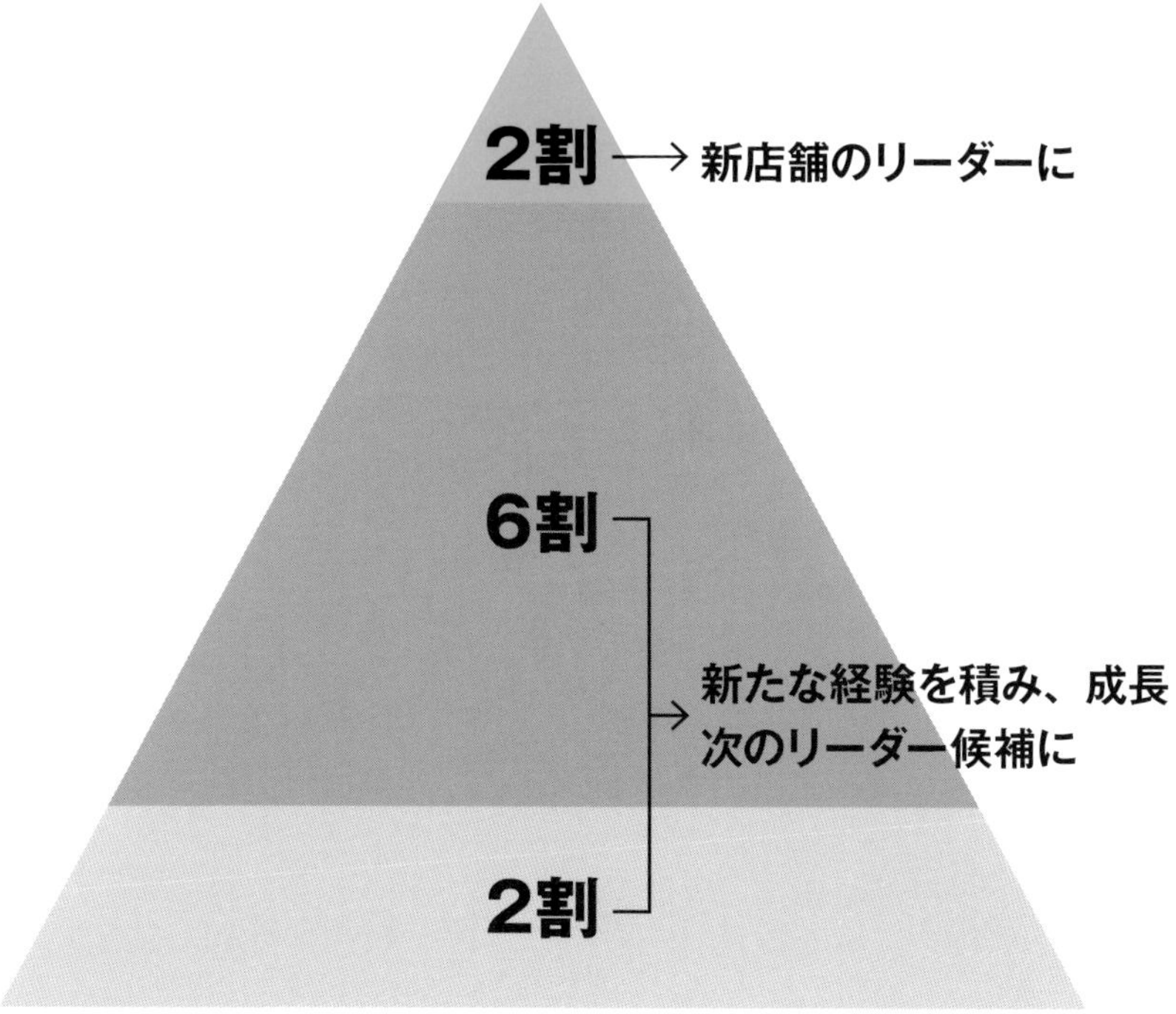

# 先が見える、見えない

中途採用の求人を募集すると、多くの応募があります。平均して、年間50人くらいでしょうか。面接では、前の勤務先を辞めた理由を必ず聞くようにしています。

辞めた理由を聞くのは、応募者の方を知るヒントになりますし、その答えには僕たちに対する戒《いまし》めや警告もあると感じているからです。

「人間関係」「給料が安い」「休みが少ない」――これらが多いのは美容師あるあるですが、「先が見えない」という理由で退職した人が年々増えているように思います。

「このサロンで頑張った先に、何があるのだろう？」

そんな疑問に対する答えを見出せないまま、退職を選ぶ美容師が少なくない現実を、改めて思い知らされます。こうした光景を見るにつけ、Ｌｏｎｄはサロンとしてのビジョンを明確に示し、全スタッフで共有する必要性を痛感してきました。

美容業界で年商日本一のサロンになるというＬｏｎｄのビジョンは、まだスタッフがいなかった頃に僕たち6人で決めたものですが、このビジョンをスタッフと共有し、「サロンとして目指しているのは、ここ」という目的地を示すのです。これは、サロンの先が見える、という意味で大切な共有事項です。

同時に、スタッフ一人一人に個人の目的地を考えてもらい、会社（サロン）と共有しています。第1章でも書いたように、Ｌｏｎｄがバックアップして、それぞれの幸福・夢・目標を叶えるためです。

それは、たとえ独立という目標であっても全然構わないわけです。いつか自分のサロンを持ちたい、そう考える美容師がいるのは当然のことなのですから。

こうしたテーマは、対面で話をするには難しい面もあるため、Ｌｏｎｄではスタッフへのアンケート方式で実施しています。「夢は何か」「3年後、どうなっていたいか」ｅｔｃ.

いくつかの設問に対して、自由に記入してもらう方式だと、ほとんどのスタッフが言葉のチョイスや文章の書き方に悩んでしまって、歯切れの良い答えが出てきません。そうならないように、設問の答えに選択肢を用意した「チェック式」でのアンケートを定期的に行っています。

アンケートを通して出てきた答えは、スタッフ一人一人の「なりたい自分」をバックアップする担当役員と、各店舗にいる担当スタッフ間で共有し、近い将来を見据えた個々のキャリアプランづくりにつなげていきます。

このように、サロンとしての〝先〟と、個人としての〝先〟。どちらも明確に見える仕組みづくりと情報共有から、Ｌｏｎｄのスタッフ教育が始まっていくのです。スタッフの未来に寄り添い、出店などの事業拡大によって実際に実現することで、アシスタントや若手スタイリストも自分の近い将来をリアルにイメージしやすくなります。

第1章にもある通り、一人一人の幸福・夢の把握から実現に向けては、大変な時間がかかります。ここに経営陣が向き合うことができるのは、6人による共同経営のメリットでもあるわけです。

## Londが目指す
## 場所の明確化

**美容業界で年商日本一のサロン**

↓

**サロンのビジョンとして、みんなで取り組む**

## スタッフ個人の夢、目標の明確化

### 「なりたい自分」を共有する

↓

サロンが全面的にバックアップ

# スタッフのメンタルケア

昨今、「職場のメンタルヘルス」が社会的な問題として取り沙汰されています。美容室に限らず、広く一般企業で起きている現象です。仕事上のストレスや、モラハラ、パワハラなどから、うつ病のような心の病を発症する人が後を絶たないわけですが、Ｌｏｎｄでは、こうした問題でスタッフが悩まないよう、メンタルケアを担当する役員とスタッフを配置しています。先ほど書いた「なりたい自分」をバックアップする担当役員、および各店舗にいる担当スタッフのことです。社内では、メンター部という部署名で呼ばれています。

どのサロンのどんなスタッフも、根は真面目で、優しい性格の人が多いと思います。また、向上心があるからこそ悩んだり、壁にぶつかったりします。そんな時に一人で悩まず、抱え込まないよう、周囲がそっと寄り添い、支え、本人の心の中にあるモヤモヤを解消することができればという一心で、メンター部が設立されました。

メンター部のメンバーは、スタッフ一人一人のちょっとした変化や、不調の兆しに気を付けながら、サロンワークをしています。異変のサインを感じたら直接本人と話をする時間を取るなど、迅速なフォロー、ヘルプを行います。話をする場所、タイミング、かける言葉など、すべてにおいて相手をリスペクトする気持ちと行動が伴っていないと、悩んでいるスタッフも心を開いてはくれません。スタッフ一人一人の悩み解決なんてキリがない、終わりがない、といった見方もできますが、ここを放置しておけばおくほど、サロンには〝ひずみ〟がたまっていくのです。

こうして、メンター部では、担当役員と各店舗のメンター担当スタッフが報告・連絡・相談をし合って、悩んでいるスタッフに手を差し伸べる体制を築き上げてきました。この取り組みの成果は、Ｌｏｎｄにおける離職率の低さに直結していると思います。もちろん、これらは全て、Ｌｏｎｄが掲げる「スタッフ第一主義」の一環です。

とはいえ、メンター部の活動にも課題はあります。例えば、結果が数字に表れにくく、成果が分かりにくい点です。悩みを聞いてくれたメンバーをどう評価するかなど、活動内容を数値化することも難しく、客観的な判断材料が乏しいわけです。

それでもなお、僕たちはメンター部を全面的に支持しています。なぜなら、売上や客単価、再来率など、数字に追われがちな毎日の中で、数字では表現できないところにこそ、サロンの成長を左右する重大なファクターが潜んでいるからです。スタッフのメンタルケアは、その最たる例です。悩みを抱えるスタッフだけでなく、メンター部のメンバーに対するケアも欠かせません。

一見、数字で表すことができず、売上にもつながらない取り組みばかりのように見えるかもしれませんが、経営を上向かせる答えは――このように非合理的で、数値化が難しいものの中にある気がしてならないのです。

## 職場のメンタルヘルス

★仕事上のストレス
★パワハラ・モラハラ etc.

↓

**うつ病の発症など**

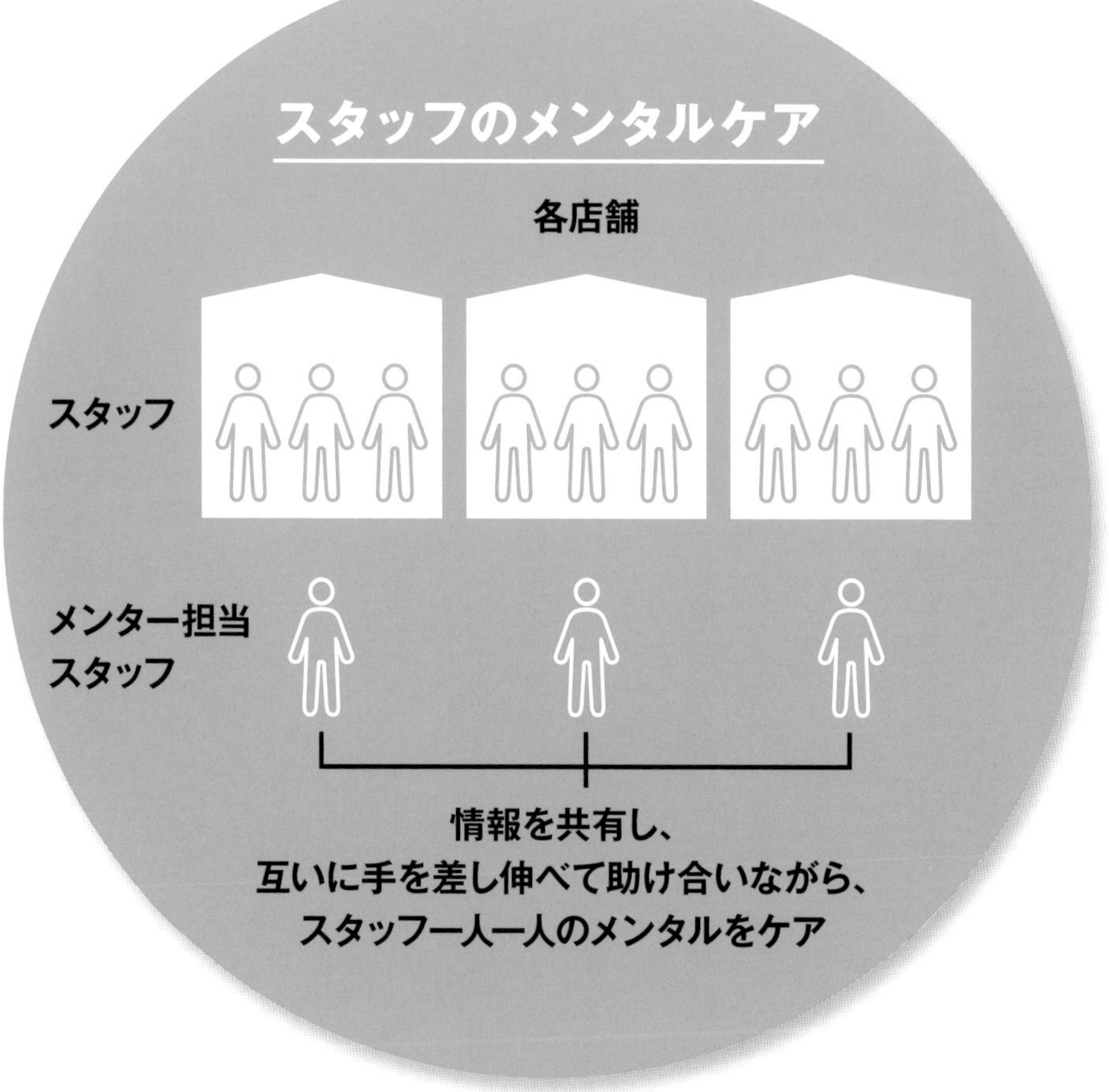
スタッフのメンタルケア
各店舗
スタッフ
メンター担当
スタッフ
情報を共有し、
互いに手を差し伸べて助け合いながら、
スタッフ一人一人のメンタルをケア

# 手紙

Ｌｏｎｄでは、新卒で入社したスタッフの親御さんへ、入社1年目の年末に手紙を出しています。手紙は、共同経営者6人を代表して、メンター担当役員が気持ちを込めて丹念に書いたものです。

手紙には、お子さん（スタッフ）の近況報告をはじめ、今後一人前の美容師になるまでの行程、育成方針などを書いています。

おそらく、ほとんどの親御さんが、Ｌｏｎｄがどのような美容室なのかを知らないと思います。僕たち6人とスタッフの顔写真くらいは、ホームページ等に出ているものの、みんな見た目がチャラいので、「うちの子は大丈夫だろうか」「ブラック美容室でだまされて働いているのではなかろうか」などと、心配されている方もいらっしゃるかもしれません。

そんな心配は不要です、大切なお子さんを立派な美容師に育てます、というＬｏｎｄの誓いを込めて、また本人が元気に頑張っている報告を兼ねて、僕たちは手紙という形にしているのです。

Ｌｏｎｄには、親元を遠く離れ、東京で一人暮らしをしているスタッフも大勢います。親御さんの中には、（子どもは）元気だろうか、無事にやっているだろうか、と気に掛けている方が少なくないはずです。「東京」というだけで、治安が悪いのではないか、犯罪に巻き込まれるのではないか――そんな親御さんの不安を吹き飛ばすように、一つずつ仕事を覚え、将来の夢や目標に向かって日々努力している姿、お客さまと先輩方に支えられながら成長している姿を知ってほしい、という思いを込めた手紙です。

入社早々の時期や、数ヵ月後の夏頃に手紙を出すのもいいのですが、年末年始にスタッフが実家へ帰省する少し前のタイミングにお送りすることで、親御さんには安心してお子さんの帰省を迎え入れていただきたいとも思っています。

手紙を受け取った親御さんからは、感謝の言葉や、「これからもよろしくお願いします」といったご連絡をいただくことがあります。むしろ僕たちが親御さんたちに励まされたり、勇気づけられることもたくさんありました。

スタッフの家族の方たちからも、安心していただける美容室でありたい。いいサロン、いい会社だね、と褒めていただけるＬｏｎｄでありたい。シンプルに、そう思います。

Ｌｏｎｄは将来、美容業界で年商日本一のサロンになる、というビジョンを達成するためにも、「Ｌｏｎｄに就職するなら安心」と太鼓判を押していただけるような、社会的な信頼も厚い存在にならなければなりません。「美容師って、給料安いんでしょ？」「食べていけるの？」などと言われ続けてきた低賃金、休みが少ない、将来が見えにくいといったネガティブな美容師像を全て覆すサロンを必ずつくり、美容師に対する世間からのイメージを変える――親御さんへの手紙を出すたびに、その思いがどんどん強くなっていきます。

## Londの技術教育　その1

Ｌｏｎｄには、独自の技術教育カリキュラムがあります。

先ほど、スタッフのメンタルケアを行うメンター部の話をしましたが、技術教育に関しては、テクニカル部が担当しています。テクニカル部は技術を学ぶ場ではなく、スタッフに技術を教えるメンバーで構成している部署です。共同経営者6人の中に、テクニカル部を担当する役員がいます。そして各店舗に一人ずつ、テクニカル部所属のスタッフがいます。カリキュラムは、テクニカル部が中心になって作成しています。スタッフの技術面における昇格試験を審査するのも、基本的にはテクニカル部のメンバーたちです。

第1章や第2章で書いてきたように、Ｌｏｎｄの技術にはスピードが求められます。どれだけきれいに、上手にカットしても、時間がかかっていては意味がありません。施術スピードの大切さを経営的な側面で捉えながらも、そこに確かな技術の保証があってこそ成り立つビジネスモデルなので、それを目的にしたカリキュラムになります。ベーシックな技術をマスターし、スピード感を身に付けてもらうことが、テクニカル部に課せられた大きなミッションの一つです。

手際よくスピーディな施術により、短時間でお客さまにお帰りいただくこと。その上で高価格サロンと変わらない仕上がりを生み出すことで、最大の顧客満足を生むと考えています。料金を中価格帯に設定しているからこそ、より一層、スピードが必要であること。スタッフには、Ｌｏｎｄにおける技術面の大前提を理解してもらいながら、カリキュラムに取り組んでもらっています。

もう1点、技術教育に際して重視しているのは、美容師としての心構えや、美容師として大切なこと、その本質をしっかりとスタッフに理解してもらうという点です。技術のやり方だけを教えていればいい、というわけではないのです。Ｌｏｎｄの求人に応募してくる人の中には、新卒・中途を問わず、集客力や、雇用体系の充実に魅力を感じた、という理由で入社を希望する人が少なくありません。それはそれでありがたく、うれしいことなのですが、「美容師として」という最も大切な部分を伝え、理解してもらわないと、Ｌｏｎｄ全体が何か間違った方向へ進んでしまいかねないという危機感があります。スピーディでお得な価格、だけどヘタクソ、かわいくない、おしゃれじゃない……これでは本末転倒で、Ｌｏｎｄが目指す方向性とは明らかに異なります。リピートも紹介もあったものではありません。

僕たちは、「素晴らしい技術、素晴らしいサービス、素晴らしい空間を。しかも、驚きの価格で」というＬｏｎｄオープン時のキャッチフレーズを貫き続けたいのです。この「驚きの価格」を支える根幹となるのが、ヘアスタイルのクオリティと、施術スピードの両立です。双方が高いレベルであればあるほど、お客さまの満足度は間違いなく向上し、安心して通い続けることができるサロンとして認証されるのです。

このように、美容師としての心構えであったり、スピーディな施術の意義をＬｏｎｄ内の共通認識とした上で、カリキュラムがスタートしています。

Ｌｏｎｄでは、新卒の場合、入社から1年半でスタイリストデビューできるカリキュラムを組んでいます。その内容については、次のページからお話ししていきます。

# Londの技術教育　その2

カリキュラムでは、なるべく無駄を省き、ウイッグで基礎を学びつつも、カットモデルを多く用いた実践的なトレーニングを組んでいます。この点に関しては、決して〝非合理的〟ではなく、かなり合理的に進めているのがＬｏｎｄです。

例えばワインディングは、オールパーパスを廃止しています。カラーにおけるマニキュア塗布も行いません。いずれも知っておいて損はないもので、トレーニングを通して修得する必要性は理解できるのですが、現実的にサロンでの使用頻度が多くないため、思い切ってカリキュラムから外しました。

このように、カリキュラムは定期的にテクニカル部で見直し、スタッフに役立つ実践的な内容に毎年ブラッシュアップしています。サロンブランディングをしていく上で、教育カリキュラムも時代や流行の変化と共に変えていくべきと考えています。あくまでも目的は、その時代において、一人のスタイリストとしてお客さまに満足いただける技術レベルに達するための教育です。何年も変わらず同じことを同じように教える必要はない、と捉えて柔軟な発想でいることを大切にしています。

基本的な技術の習得に関しては、テクニカル部で撮影した動画をマニュアルにしています。カリキュラムに取り組んでいるスタッフは、動画を見て学び、トレーニングに落とし込んでいきます。動画のメリットは、教える人によって「言っていることが違う」という、技術教育あるあるを防止するためでもあります。学ぶスタッフの無用な混乱がなくなり、やるべきこと、覚えるべきことが明確になりました。

技術教育の過程で重要視しているモデルカットは、120人をマストにしており、30人ごとに審査（チェック）を受けます。モデルカットでベーシックスタイルをつくることは、重視していません。実践的なサロンスタイルのみをつくってもらいます。30人目、60人目、90人目、120人目の審査はテクニカル部と店舗幹部が行い、121人目が最後のチェックとなり、代表が直接審査する最終試験となります。ここで合格すれば、晴れてスタイリストデビューを迎えることになります。このデビューまでの時間的な目安が、新卒の場合入社から1年半なのです。

スタイリストを目指す時期のスタッフに必要なのは、やりがいと楽しさです。そして入社2年目、3年目あたりをめどに、自分自身の将来像をイメージできるよう、早い時期から上の人間がうまく導いていかなければなりません。カリキュラムに沿って技術を習得する過程においても、指導する側が明るい空気、雰囲気をつくりながら、本人に将来像を思い描いてもらうことによって、取り組んでいるカリキュラムの意味合いや、理解への本気度が深まっていきます。

デビュー後は、伸び悩むスタッフが出てきやすいタイミングですが、Ｌｏｎｄではスタイリスト同士による勉強会、情報交換会を行っています。これは指名や売上の多い先輩スタイリストが、これから成長したいスタイリストへ向けて、指名・売上を増やしてきた実践的な技術や接客等について公開し、ノウハウを共有するための機会です。結果を出し続けているスタイリストによる技術や情報が飛び交うため、若手スタイリストにとってはとても有意義な時間になっています。こうして、デビュー後の伸び悩みをフォローする仕組みができていることも、Ｌｏｎｄならではの特徴かもしれません。

## Londの技術教育

★ウイッグで基礎を学びつつ
カットモデルを多く用いた
実践的なトレーニング

★モデルカット121人
30人ごとに審査あり
121人目の合格

↓

**スタイリストデビュー**

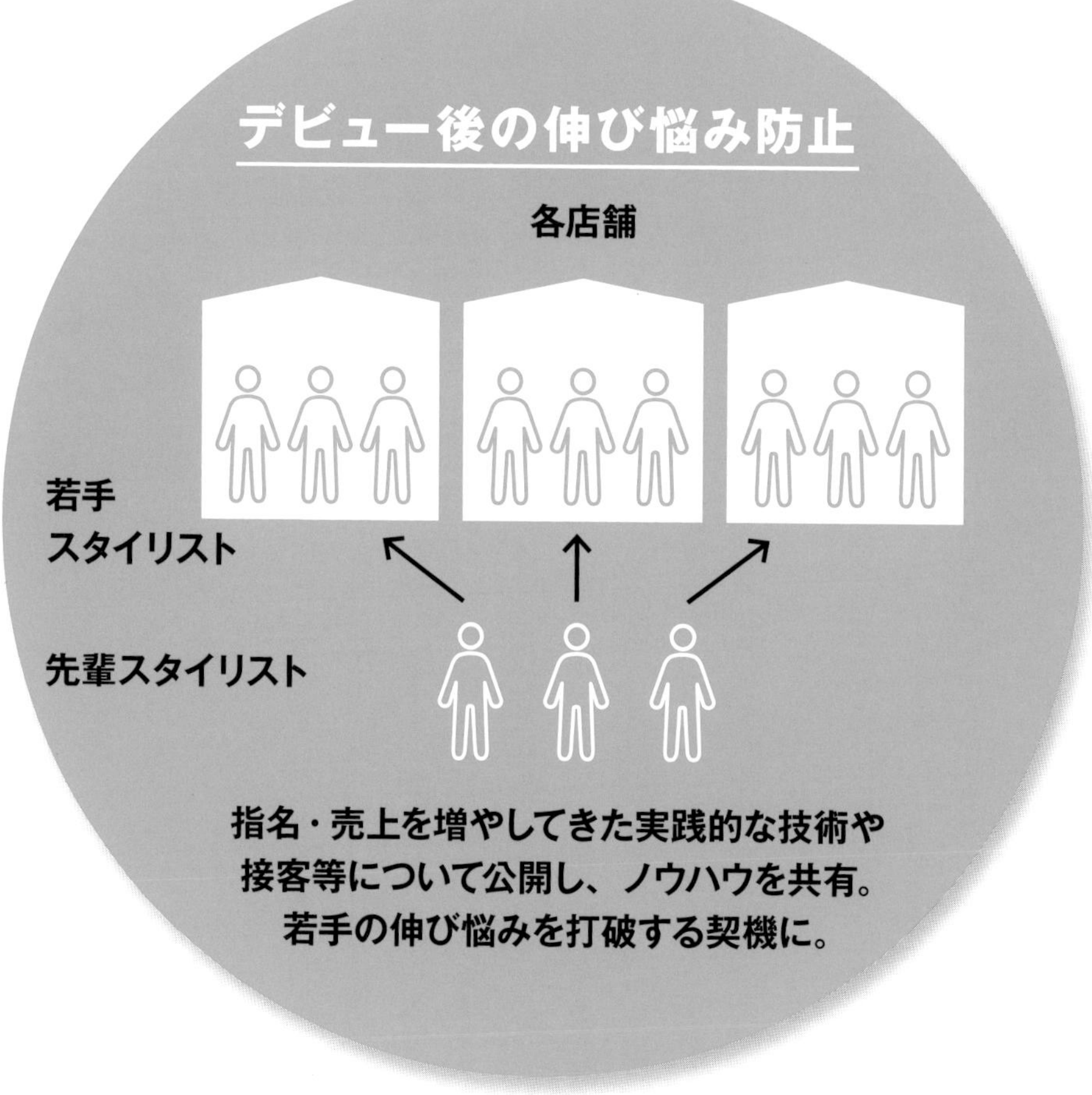
デビュー後の伸び悩み防止
各店舗
若手
スタイリスト
先輩スタイリスト
指名・売上を増やしてきた実践的な技術や
接客等について公開し、ノウハウを共有。
若手の伸び悩みを打破する契機に。

# ヘアスタイルを撮影する

今に始まったことではありませんが、ヘアスタイルの撮影に興味を持っている若いスタッフが非常に多いのは、きっとＬｏｎｄだけではないと思います。ＳＮＳでの発信やホットペッパービューティー、ミニモなどへの掲載を含め、ヘアスタイル写真の重要性は年々高まってきています。また、自らが担当したヘアスタイルやメイクを、写真によって客観視することで、見る目を養うことにもつながります。撮影はスタイリスト個人にとっても、サロンにとっても、どちらにも重要な意味を持つ時代になりました。

Ｌｏｎｄでは、撮影の意欲が高いスタッフへ最高の幸せを届けるために、撮影ができる環境をつくり、カメラ部という部署を設置しています。カメラ部も他の部署と同様に、共同経営者6人の中に担当役員がいます。この役員は、カメラの腕前がプロ級で、写真家の肩書も持っているため、時にはカメラマンとして参加することもあります。もちろん本職は美容師なので、ヘアやメイクのアドバイスをしながらシャッターを押せるという利点があります。

定期的に実施している撮影会は、スタッフのランクごとに分けて行っています。アシスタントの撮影会は、通称Ｊ3と呼ばれています。初級スタイリストの撮影会は、Ｊ2です。中堅スタイリスト以上の撮影会はＪ1と呼ばれ、さらに最上級の撮影会として、セリエＡという撮影会があります。いずれも、プロサッカーリーグの名称に準じたネーミングです。

Ｊ3は、アシスタントが自由な発想で、先輩（若手スタイリスト）にアドバイスをもらいながら進めています。Ｊ2は、デビュー直前のアシスタントやデビューして間もないスタイリストが、Ｊ1クラスのスタイリストの助言を得ながら進める形です。Ｊ1になると、外部のスタジオとプロカメラマンによる作品撮りになり、セリエAは作品撮りからＬｏｎｄの広告撮影へと進化します。ランクが上がるに従って、撮影の諸費用を会社が負担するなど、経費面での優遇措置を受けることができるようになっています。スタッフはＪ3からスタートし、より撮影環境がいいＪ1やセリエAを目指すというわけです。

「ヘアスタイルを撮影する」というテーマをこのページに掲げたのは、スタッフがやりたいと思っていること、興味があることを実現できる場を、サロンが提供する大切さをお伝えしたかったからです。

撮影に限った話ではありませんが、やってみたい、興味がある、だけどサロンには実現できる環境がない……このような理由で勤務先を退職する美容師が大勢います。

Ｌｏｎｄでは、バックアップできるものはどんどん支援して、スタッフの成長を後押しする方針を貫いています。ホットペッパービューティーアワード2020で全国第4位、同2021で全国第3位（エントリー数3万5千以上）の受賞ができたのも、撮影の仕組みを確立していた甲斐がありました。

撮影は、発信するヘアスタイルの写真1枚で、スタイリストの人生が劇的に変わる可能性を秘めているのです。こんなにワクワクする瞬間を、会社としてサポートしない手はありません。

## スタイリストの昇進

Ｌｏｎｄのスタイリストは、３ヵ月連続で技術売上１２０万円を達成すると、トップスタイリストに昇進します。

他サロンの方から見れば、１２０万円でトップスタイリストという基準は、合格ラインがやや低いように思われるかもしれませんが、Ｌｏｎｄは客単価が８８００円前後です。この単価で３ヵ月連続１２０万円というのは十分に立派な、リスペクトされるべき個人売上なのです。

さらに指名が増え続けて、技術売上3ヵ月連続で２００万円に到達すれば、エグゼクティブスタイリストに昇進します。ここで初めて、専属アシスタントが1名付きます。予約の枠を広げることが可能になり、さらに多くの指名予約が入ってくるようになります。同時に、エグゼクティブスタイリストは今後展開される新店舗のリーダー候補として、Ｌｏｎｄの新規出店、新しいステージを任せられる人材の誕生を意味するものでもあります。

トップスタイリスト、エグゼクティブスタイリストクラスになると、仕事はより早く、スピーディな施術と、よりクオリティの高いヘアスタイルを両立できるようになっています。そのため、サポートするアシスタントにとっては、最高のお手本を間近で見て学ぶことができるようにもなるわけです。

また、スタイリストのスピード感に合わせたサポートが絶対的に必要なので、サロンワークの全ての場面において時間に対する意識が高まり、スピーディな施術が当たり前という仕事のノウハウ、価値観が自然と身に付いていきます。もちろん、スピードを重視するあまり仕事が雑になるのは論外で、丁寧かつスピーディに、です。アシスタントの仕事が遅いために施術時間が延び、お客さまをお待たせする時間が増えることは、Ｌｏｎｄの主義に反してしまいます。

このようにして、Ｌｏｎｄのサロンワークにおける文化が醸成され、スタッフの間で受け継がれ続けています。

一方、晴れてスタイリストデビューしたものの、何もかも順調に結果を出し続けるスタッフばかりではないことも、また事実です。思うように売上が増えず、伸び悩むスタイリストもいます。

こんな時に、「本人が悪い」「対策を自分で考えろ」といった形で、あえて突き放す教育をする方法もありますが、Ｌｏｎｄは絶対に突き放さず、周囲と本人が一緒になって解決策を探ります。

まず、なかなか結果が出ないからといって、スタッフの能力が低いわけではありません。能力が足りなければ、そもそもスタイリストに昇進できていないはずです。

その認識を踏まえた上で、本人が結果を出せる「場」を与えれば、生まれ変わったように輝き出すスタッフの姿を、僕たちはたくさん見てきました。つまり、人事を通じて配置を変えたり、あえてリーダーに登用するなど、スタッフが結果を出せる「場」をつくることも、解決策の一つです。そして、これは経営者の責務でもあります。結果が出ない＝全て本人に原因がある、と一方的に決めつけ過ぎないことが大切です。

## スタッフの給与体系と歩合率

Ｌｏｎｄでは、専門学校卒の新卒者初任給を18万円に設定しています。短大卒の初任給とほぼ同額です。18万円でスタートし、ヘアカラーやパーマの技術試験に合格すれば19万円、人頭のカットが始まる時点で20万円になります。アシスタントの基本的な給与体系は、この3種類です（２０２１年3月現在）。

入社からスタイリストデビューまでの期間が、およそ1年半であることは先ほど書きましたが、月収のＭＡＸが20万円という生活は、1年半で終わるということです。アシスタントにとっては、待遇面でも〝先が見える〟ため、みんなモチベーションが下がることなく、毎日の業務に取り組んでくれています。

デビュー後は、毎月の最低保証額が24万円になります。歩合率は40％です。この40％は、業界最高水準レベルにあると自負しています。

僕たちは、スタッフにはＬｏｎｄの雇用の素晴らしさを思う存分味わってほしい、と心から願っています。そのためにＬｏｎｄをつくった、といっても過言ではないくらいです。美容師への好待遇実現を出発点として、そこから逆算してサロンの仕組みづくりを整備してきたのが、僕たちＬｏｎｄなのです。その最たるものの一つが、40％の歩合率です。

スタッフへの待遇がいいサロンをつくるため、歩合率の決定にあたっては、１％刻みで細かくシミュレーションを行ってきました。しっかり納税する、社会保険料を支払う、サロンに利益を残す。その上で、綿密な試算を繰り返し、スタッフに還元できる最大限の歩合率にしたのです。

厳密に言えば、新規出店をゼロにすると、歩合率はもっと上げることが可能です。ただ、新規出店ゼロは、Ｌｏｎｄではあり得ません。業界年商日本一の実現など、夢のまた夢になってしまいます。何よりも、スタッフが成長するステージを用意できなくなるのは、Ｌｏｎｄの辞書には存在しない考え方です。

話を戻しますが、歩合率40％＝月間売上１００万円なら月給40万円、１５０万円なら月給60万円になります。今、上場企業の中でも、20代で月60万円の報酬を得ているサラリーマンやＯＬは少ないと思います。この本のサブタイトルに「スタイリストの平均年収８００万円〜」という一文がありますが、スタイリストの平均月収が通常月で60万円、年３回の繁忙期は各月80〜90万円になっているわけです。

Ｌｏｎｄのような中価格帯の料金設定で、客単価が８８００円前後のサロンにおいて、月１５０万円の技術売上に到達するのは、相当ハードルが高いように思われるかもしれません。ただ、仕事がスピーディで上手なスタイリストになればなるほど売上は落ちず、ほどなく１５０万円に達していきます。

## Londの給与イメージ

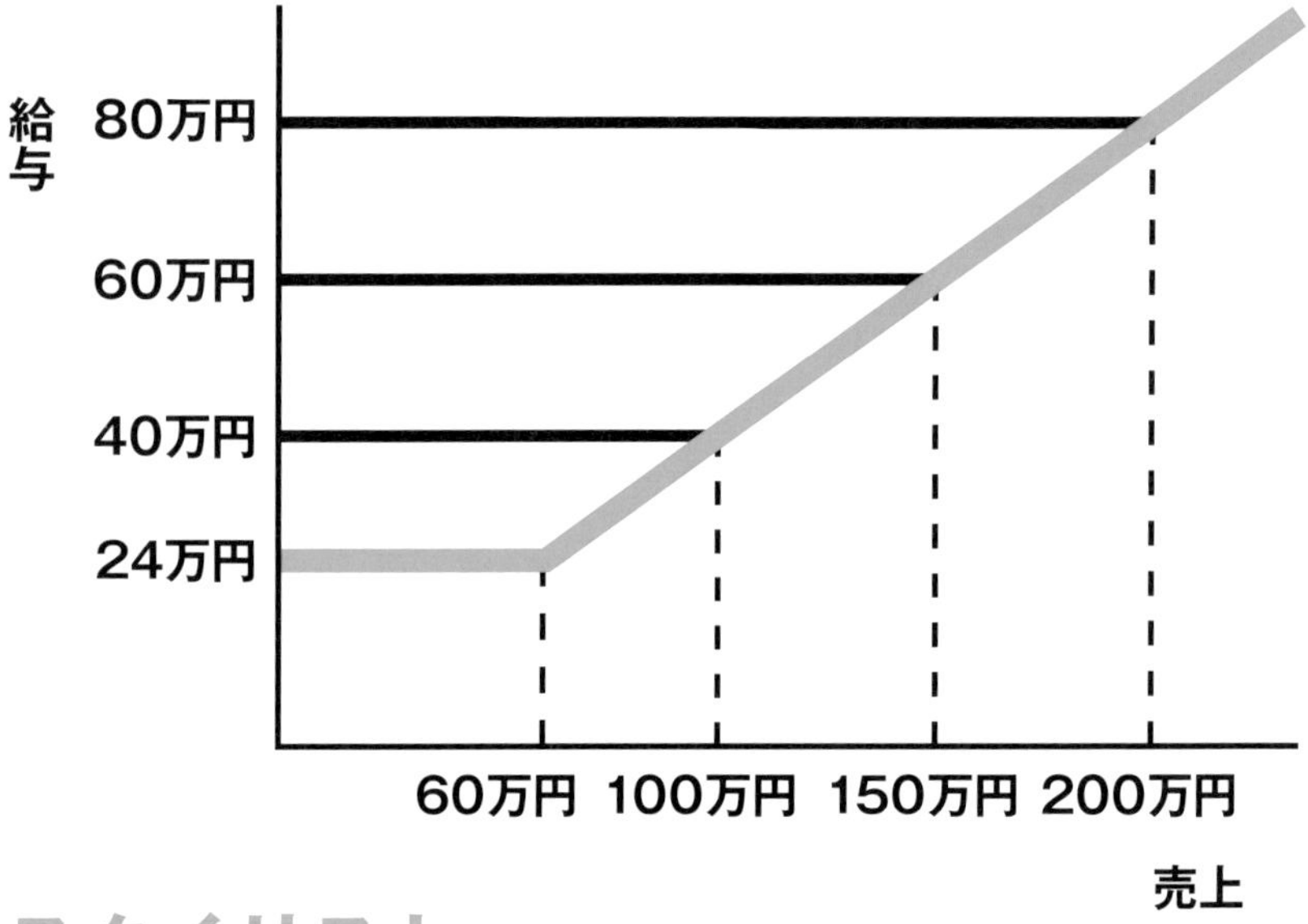


**スタイリスト**

**最低保証 24万円**

**歩合率 40%**

## スタイリスト

**平均月収　60万円**

**繁忙月（3月、7月、12月）　80～90万円**

↓

**平均年収　800万円**

# 社内での経営セミナー

Ｌｏｎｄでは、スタッフを対象としたサロン経営セミナー（勉強会）を定期的に実施しています。幹部・中級以上のスタイリスト向けと、初級スタイリスト・アシスタント向けの２コースがあり、僕たち共同経営者の１人が講師を務めます。

社内で行う経営セミナーの中で、特にスタッフの関心が高いのは「完全独立」「業務委託」「フランチャイズ」です。

完全独立について、サロン内の勉強会でスタッフに教えるのは少し勇気がいりますが、僕たちは包み隠さず、独立のメリット・デメリットを全て伝えています。資金、物件、立地、スタッフ、集客……自分たちが持っている独立の情報をシェアすることで、独立についての知識を高め、理解を深めてもらう時間も美容師に必要だと思うからです。

ちなみに、このテーマで社内セミナーを開催した後に、Ｌｏｎｄを退職して独立した人はいません。「独立しない方がいいよ」というような誘導や洗脳めいたことは一切していないにもかかわらず、です。

業務委託に関しても、同様です。僕たち6人が実際に業務委託サロンで働いた経験や、最近の業務委託サロン事情などについて、知っている限りの情報を隠し事なく話します。「知り合いが業務委託サロンで働いている」というスタッフは少なくありませんが、知り合いの視点とは異なる客観的な目線で、業務委託の長所・短所などを伝えることができていると思います。

フランチャイズに関しては、すでに名古屋や大阪、仙台といった都市の他、都内や海外（台湾）にもＬｏｎｄのフランチャイズ店があり、ホットペッパービューティーアワードのエリア別ベストサロン・ＧＯＬＤ ＰＲＩＺＥに連続で選出されているＦＣ店があるなど、分かりやすく目に見える形で成功サロンが存在しています。そのため、スタッフもフランチャイズでの出店をイメージしやすく、強い興味を持って受講するメンバーが多い状況です。

今まで、自社のスタッフを対象に、完全独立をテーマとした勉強会を行うサロンは、さほど多くなかったのではないかと思います。そんな知識を与えたら、スタッフを退職・独立に導く事態になりやしないかと、不安になる経営者・幹部も多いはずです。Ｌｏｎｄは、「そんな知識」だからこそ、学びたいスタッフにシェアすべきと考え、あえて実施しているわけですが、スタッフからの評判がとてもよいセミナーになっています。勉強会の後は、むしろスタッフ同士の一体感、チームワークが高まっている点も、うれしい限りです。

また、講師を務める僕たち自身、知識や情報をアウトプットすることで頭の中が整理されてクリアになり、開催するたびに新しい発見や気付きを得ることができています。

他サロンであれば教わる機会がないであろう、独立にまつわる情報まで、経営陣から直接教えてもらうことができる――これもＬｏｎｄのスタッフ第一主義であり、Ｌｏｎｄならではの特徴なのです。

## なぜ、人が辞めないのか

Ｌｏｎｄはオープンから5年間、退職者が1人もいませんでした。スタッフ数が１００人、１５０人と増えていき、２００人規模へ成長するに従って、ついに退職者が出ましたが、8年間で10人程度です。

辞めない理由は、「スタッフへの待遇がいいサロン、スタッフが辞めないサロンをつくる」という前提でＬｏｎｄを設立したから……と言ってしまうと元も子もないわけですが、

・給料が高い。
・サロンが目指している行き先が明確。
・個人の幸福、夢をサロンが理解して、全面的に支援する。
・スタッフがやりたいことを受け止めて、何にでもチャレンジできる環境。
・経営者と幹部全員、うそやインチキ、隠し事がない。

――この5つに集約されるのではないかと感じています。

言い換えると、ビジョン（美容業界で年商日本一のサロンになる）と、経営理念（従業員の物心両面の幸福を追求する）をとことん重視している、ということです。サロンがどこへ向かっているのか、またスタッフ個人が頑張った先に、本人には何があるのか。それらが全て分かりやすく、しかも見えるのです。

また、僕たち自身にうそ、見栄、はったり、出まかせ、おごり、うぬぼれ、甘えがないと自負しています。これらがないことをスタッフたちが知っていることも、退職者が極めて少ない理由だと思います。

かつて、若い頃に「こんなサロンがあったらいいのになぁ……」「こういうサロンがあれば、誰も辞めない

のになぁ……」と思い描いていた理想のサロン、妄想の世界の中だけに存在していたサロンを具体化したのが、Ｌｏｎｄなのです。

一般的に、独立する美容師の方たちは、「自分の力がどこまで通用するか、試してみたい」「自分がやりたいことを存分にできるサロンをやってみたい」「もっと多くの報酬を得たい」といった理由で退職し、自分のサロンを立ち上げるケースが多いと思います。

Ｌｏｎｄのユニークな点は、６人の共同経営者それぞれが、「僕はこういうことをしたい」といった個人的な夢や、願望の実現を最優先にしたサロンではない、ということです。

美容師の雇用に革命を起こすサロンをつくる――そんな６人の強い意志・決意が出発点で、今Ｌｏｎｄが行っていることの全ては、そこから逆算して導き出した答えなのです。もちろん、現在が完成形ではなく、常に最新バージョンへのアップデートをしています。

美容業界での年商日本一を目指すビジョンも、お金もうけが目的ではないのです。日本一ということは、多くの雇用を実現し、多くの美容師をＬｏｎｄ流の雇用でハッピーにした結果、日本で一番多くのお客さまを幸せにした結果であると、僕たちは考えています。その過程にこそ、Ｌｏｎｄが目指すビジョンの醍醐味が凝縮されています。

スタッフたちは、そういう部分も含めて、Ｌｏｎｄに愛着を持ってくれています。愛着と安心があるからこそ、離職者が少ないサロンになれたのではないか――そんな気がしてなりません。

## 児童養護施設でのボランティアカット

Ｌｏｎｄは、社会貢献事業にも力を入れています。その一環として、児童養護施設でのボランティアカットを行っています。

児童養護施設とは、予期できない災害や事故、親の離婚や病気、また不適切な養育を受けているなどさまざまな事情により、家族による養育が困難な2歳からおおむね18歳の子どもたちが、家庭に代わる子どもたちの家で協調性や思いやりの心を育みながら、生活している場所です。子どもたちの幸せと心豊かで健やかな発達を保障し、自立を支援しています。

今、親元を離れ、施設に入所して暮らす子どもたちが全国に約3万人いるそうです。僕たちＬｏｎｄの共同経営者6人は、ある時に児童養護施設について初めて詳しく知る機会がありました。以来、美容師という職業の特性を生かして、入所している人たちに役立つことをしたいと考えるようになり、ボランティアカットを申し出たのです。定期的に訪れているのは、東京都内の2施設です。

施設には、小さい子どもから中学生・高校生までの入所者がいるわけですが、特に小学校高学年や中高生になると、ヘアスタイルもおしゃれをしたいという人が増えてきます。Ｌｏｎｄのトップスタイリストがいるようなサロンには、なかなか行けないものです。

ボランティアカットは、そんな入所者の方たちにヘアスタイルを楽しんでいただけると同時に、美容師という職業の存在を身近に感じて、興味を持ってもらえる機会でもあります。同行するメンバーは、Ｌｏｎｄからは幹部・店長クラス、そして他サロンの方で、ボランティアや社会貢献活動に熱心なＧａｌｌｉｃａの中村飛鳥代表（街の清掃を行う「きもちいクウキ」プロジェクト（詳しくは次ページ参照）にも参加してくださっています）や、美容学校時代の同級生で、訪問美容等もされているｍｅｅｔｓ ＨＡＮＤの田部井美葉代表とご一緒させていただくことが多いです。

行き始めた頃は、カットに際して緊張している子どもたちが多かったのですが、何度も通っているうちに顔を覚えてもらえるようになり、七五三の時には、ボランティアのカメラマンとして参加し、子どもたちの晴れ姿を撮影したこともあります。カット終了後は施設内で皆さんと同じ食事をいただくこともあり、交流を深めています。中には、ヘアドネーションへの協力を申し出てくれた入所者の女の子もいるなど、感動的な出来事もたくさんありました。

第2章で書いた「4リットルのリフィルが1つ売れるたびに、児童養護施設へシャンプーを1本寄付する取り組み」とは、このボランティアカットで訪問している施設のことです。すでに30本近くのシャンプーをお送りしました。

普段のサロンワーク以外で、人のため社会のために役立つことをしたいと考えている美容師の方は多いと思います。次のページからは、Ｌｏｎｄが行っている社会貢献や、環境保護の取り組みについてお話ししていきます。

# 街の環境美化・地域貢献

Ｌｏｎｄは毎月、第2日曜日の朝にサロン周辺のゴミ拾い、清掃活動を行っています。「きもちいクウキ」と名付けたプロジェクトで、スタッフ全員が参加します。

自分たちが美容師として働かせていただいている地域への感謝と、街の空気も気持ちよくしたいという思いを込めてスタートしたものです。前ページにも書いたように、近隣のサロンの方たちも参加してくださるようになり、まだまだ小さな輪ですが、少しずつ広がりを実感しています。

また、Ｌｏｎｄの3店舗（銀座）がある東京都中央区では、「まちかどクリーンデー」といって、区内にオフィスがある事業所が自主的な清掃活動の輪を広げ、清潔で快適な街を実現する取り組みが行われています。銀行や不動産、ＩＴ・通信、製造業、飲食店、物販などさまざまな企業・業種の方々が参加していますが、Ｌｏｎｄも登録・参加し、区のホームページで紹介していただいています。このように、自治体が呼びかけている清掃活動にも、積極的に参加しています。

清掃は不思議なもので、実際に参加して、街がきれいになっていく工程に携わっていると、清掃終了後には自分の心の中まできれいに洗い流されたような、幸福感に近い感覚で満たされます。清掃活動のメリットは、街の景観が美しくなるだけでなく、参加した人たちの心の中に、こうした副産物が生まれるところにもあると思います。

スタッフたちにとっては、社会環境教育の一環にもなり、少なからず街の環境美化について、意識の変化が芽生えるようです。そういう意味でも、継続していきたい活動です。

Ｌｏｎｄは清掃だけでなく、地域のイベントやお祭りがあれば、準備段階における重い荷物の運搬や搬入などの力作業も含めて、張りきってお手伝いをしています。主催する方たちから、若年層が人手不足気味という声を聞くことが多いので、スタッフたちが元気よく現場に駆けつけるのです。

こうした活動は、スタッフが美容師であると同時に地域社会の一員である、という意識を持つきっかけになり、地域への愛着が増す第一歩になっているようです。同時に、活動を通じて近隣のさまざまな業種や住民の方たちとの交流、コミュニケーションが増えることは、スタッフ自身の成長にもつながるポジティブな要素です。

清掃活動は、もっと大きな願望でいえば、「地球環境のためになにかできることをしたい」という思いもあります。地球環境の危機が叫ばれて久しい昨今、Ｌｏｎｄでは地球環境保護や改善に向けた活動にも力を入れているのですが、清掃はその初歩的な取り組みでもあるのです。清掃以外にも、多岐にわたる分野で「人のため、社会のため、地球環境のため」にさまざまなアクションを実施しています。Ｌｏｎｄが具体的にどのようなことをしているのか、さらに詳しく次ページからお伝えしていきます。

# 脱プラスチック

第2章の中で「時代に即した店販」にも書きましたが、Ｌｏｎｄではシャンプーの量り売り、レジ袋の廃止、「my mizu」プロジェクトへの参加など、脱プラスチックに向けた運動に賛同しています。

まず、なぜ脱プラスチックなのかをお話しします。

プラスチックは、製造するにも処分するにも、化石燃料を大量に使用します。

化石燃料とは、石油、石炭、天然ガスなどのことです。微生物の死骸や、枯れた植物などが何億年という時間をかけて化石になり、石油や石炭になったと考えられていることから、化石燃料という名称で呼ばれています。とりわけプラスチックは、石油が原料となっています。しかし、地球上に残っている石油資源は、無限に埋蔵されているものではありません。

そして、そのこと以上に懸念されているのが、化石燃料を使う（燃焼させる）と二酸化炭素＝温室効果ガスが増え、地球温暖化が進むという点です。かつては、熱帯雨林などの広大な森林が二酸化炭素を吸収し、酸素を生み出していましたが、農地の拡大などにより伐採され、森林が地球上からどんどん失われています。地球温暖化は、この減少によって、森林が吸収してきた二酸化炭素量が減ってしまったことも一因なのだそうです。ちなみに農地の拡大は、食肉用の牛や豚、鶏に与えるエサづくりによるもので、世界中で肉食が増え過ぎてしまった裏側で、環境破壊が進んでいるというわけです。

また、プラスチックを焼却処分すると、温室効果ガスと有害物質が発生し、温室効果ガス排出量の増加により、気候変動に大きく影響するという報告があります。

河川や海岸で投棄されるプラスチックも多く、海の生物の体内から大量のプラスチックが発見されています。マイクロプラスチックという微粒化されたプラスチックが体内に蓄積された魚介類が、食用として世界中に流通しています。つまり、人間の健康にも影響が出る可能性があるわけです。

こうした懸念から、日本でもコンビニやスーパーのレジ袋が有料化されたほか、スターバックスコーヒーがストローを廃止、マクドナルドも2025年までに紙製ストローへの変更を進めるなど、脱プラスチックへ向けた動きが本格化しています。自動車業界における、ガソリン車からハイブリッド車・電気自動車へのシフトも、同様の背景が存在していることは想像に難くありません。

僕たちLondも、美容業という業種ではあるけれども、自分たちにできることから脱プラスチックを進めたいと考えました。個人レベルでは、マイボトルを購入して使うスタッフがだいぶ増えています。そして、冒頭に書いたような取り組みをサロンとして行っているのです。

## Lond
## 脱プラスチックの取り組み事例

**★シャンプーの量り売り**

（地球上の動物や環境に配慮した
「ヴィーガン認証取得シャンプー」「ヴィーガン認証取得トリートメント」
追加）

**★レジ袋廃止**

**★「my mizu」プロジェクトへの参加**

**★ my mizu オリジナルマイボトルの取扱開始**

（1 本購入ごとに海洋ゴミを 1kg除去できる
環境美化事業へ寄付が付く）

**など**

## 環境問題について

「美容師だから関係ない」ではなく
美容師として、できることから取り組んでみる

# 100%再生電力でサロン運営

美容業は、電力がなければ成り立たない業種の一つですが、Ｌｏｎｄは各店舗で使用する電力について、「再生可能エネルギー100%」での運営を目指しています。

再生可能エネルギーとは、そのエネルギー源を「太陽光、風力、その他の非化石エネルギー源のうち、エネルギー源として永続的に利用することができると認められるものとして政令で定めるもの」と定義されています（経済産業省資源エネルギー庁）。具体的には、太陽光・風力・水力・地熱・太陽熱・大気中の熱その他の自然界に存在する熱・バイオマスが政令で定められています。

※バイオマス＝動植物から生まれた、再利用可能な有機性の資源（石油などの化石燃料を除く）のこと。主に木材、海草、生ゴミ、紙、動物の死骸・ふん尿、プランクトンなど。また、トウモロコシやサトウキビなど、資源としての利用目的で栽培されているものもある。

Ｌｏｎｄでは2017年から、供給電力の再生可能エネルギー比率が単月90%以上を達成した【みんな電力】

という電力会社と契約し、より地球に優しいサロン運営にシフトしています。テナントの大家さんにプレゼンし、建物ごと電力会社を変更した店舗もあります。

従来、電力の発電は、石油・石炭・天然ガスなど、化石燃料に頼る割合が非常に多かったことで知られています。しかし、先ほども書いたように、化石燃料は使用時に二酸化炭素が発生し、地球温暖化への悪影響が大きいわけです。加えて、地球上に残されているそれらの資源には限界があり、日本国内は資源が乏しいため生産ができず、その大部分を輸入に頼っている（安定した供給や価格が、経済・軍事などの世界情勢に左右されやすい）現実があります。エネルギーの自給率が低いわけです。

再生可能エネルギーは発電時に二酸化炭素＝温室効果ガスを排出せず、国産であることから、環境に優しいと同時に、エネルギーの自給率アップにも貢献するエネルギー源であり、Ｌｏｎｄはこの電力によるサロンワークを行うことにしたのです。

こうした取り組みの背景には、２０１５年に世界各国が締結した「パリ協定」（日本の場合、国内における２０３０年度の温室効果ガス排出を、２０１３年度の水準から26％削減すると定めた取り決め）があります。「自分たちは美容師だから関係ない」と、決して他人事とせず、自分のこととして取り組まなければ、待ったなしで進む地球環境や生態系の破壊に歯止めがかからず、結果的には自分たちの首を絞めることになりかねないのです。

このような発想が生まれ、行動に移すことができているのも、６人による共同経営の賜物だと思います。１人で経営していたら、目の前の売上やスタッフ育成のことなどで頭がいっぱいになり、ここまでの視野を持つことができなかったはずです。

## 従来の電力

### 石油、天然ガスなど

↓

・地球温暖化への影響
・輸入に頼っており、安定した価格や供給が、
経済や軍事など
世界情勢に左右されやすい

## 再生可能エネルギー

**太陽光・風力・水力・地熱・太陽熱・大気中の熱その他の自然界に存在する熱・バイオマス**

↓

- 地球環境に優しい
- 国産

# SDGsへの取り組み

近年、SDGs（エス・ディー・ジーズ）という言葉を耳にする機会が増えました。

これは、持続可能な開発目標（Sustainable Development Goals＝サスティナブル・デベロップメント・ゴールズ）の略で、2015年の国連サミットにて、加盟193ヵ国による全会一致で採択された「持続可能な開発のための2030アジェンダ」に記載されたもの。2030年までに、持続可能でよりよい世界を目指す国際目標です。17のゴール・169のターゲットから構成され，地球上に「誰一人取り残さないこと」を誓っています。発展途上国のみならず、先進国自身が取り組むユニバーサル（普遍的）なものとされているのがSDGsです。

1　貧困をなくす
2　飢餓をゼロに
3　すべての人に健康と福祉を
4　質の高い教育をみんなに
5　ジェンダー平等を実現しよう
6　安全な水とトイレを世界中に
7　エネルギーをみんなに　そしてクリーンに
8　働きがいも　経済成長も
9　産業と技術革新の基盤をつくろう

10　人や国の不平等をなくそう
11　住み続けられるまちづくりを
12　つくる責任　つかう責任
13　気候変動に具体的な対策を
14　海の豊かさを守ろう
15　陸の豊かさも守ろう
16　平和と公正をすべての人に
17　パートナーシップで目標を達成しよう

以上が17のゴールで、ゴールの1つずつに複数のターゲットが定められており、その合計が169になるというものです。例えば「1　貧困をなくす」では、「2030年までに、現在1日1・25ドル未満で生活する人々と定義されている極度の貧困をあらゆる場所で終わらせる」「2030年までに、各国定義によるあらゆる次元の貧困状態にある、すべての年齢の男性、女性、子どもの割合を半減させる」「各国において最低限の基準を含む適切な社会保護制度及び対策を実施し、2030年までに貧困層及び脆弱層に対し十分な保護を達成する」といったターゲットが明文化されています。

Londでは、17のゴールも他人事とせず、自分たちのことと考えて、できることから協力、実践しています。

前ページまでに紹介してきたLondの取り組みは、ゴールにリンクしたアクションでもあります。なぜ、Londがこのようなことを行なっているのか。その理由は、142ページからお話ししていきます。

GOALS

4 質の高い教育をみんなに

5 ジェンダー平等を実現しよう

6 安全な水とトイレを世界中に

10 人や国の不平等をなくそう

11 住み続けられるまちづくりを

12 つくる責任つかう責任

16 平和と公正をすべての人に

17 パートナーシップで目標を達成しよう

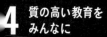

SUSTAINABLE
DEVELOPMENT
1 貧困をなくそう
2 飢餓をゼロに
3 すべての人に健康と福祉を
7 エネルギーをみんなにそしてクリーンに
8 働きがいも経済成長も
9 産業と技術革新の基盤をつくろう
13 気候変動に具体的な対策を
14 海の豊かさを守ろう
15 陸の豊かさも守ろう

# なぜ社会貢献、なぜSDGs？　その1

Ｌｏｎｄは美容室なのに、なぜ美容以外の事業にも熱心なのか？　答えは、ＣＳＲ（Corporate Social Responsibility＝企業の社会的責任、社会対応力）に集約されると思います。

ＣＳＲとは、環境活動、ボランティア、寄付など、企業として行なう社会貢献事業を指します。

Ｌｏｎｄの設立と前後して、僕たち6人がさまざまな経営の勉強をしてきた過程で、ＣＳＲという言葉の存在、意味を知りました。そして、ＣＳＲを通して、社会で起きている諸問題の解決にも役立つＬｏｎｄでありたい、との思いを巡らせるようになりました。

こうした活動は、日本を代表する大企業や、業績が好調な会社に任せておけばよいのでは？　という考え方もあります。だけど「僕たちは美容室、美容師だから関係ない」ではなく、美容室、美容師なりに、何かできることがあるはずだと考えたのです。

社会の公器として、何ができるか――社会の公器とは、経営の神様・松下幸之助氏の言葉です。人材、カネ、土地、モノといった社会からの借り物・預かり物（公の物）を活動の源泉としているのが、一般的な企業（美容室を含む）です。その存在意義として社会の〝必要〟を埋めるという、企業の役割を示しています。

Ｌｏｎｄも、一介の美容室とはいえ、社会の公器なのです。スタッフにせよ、店舗にせよ売上にせよ、社会からの借り物・預かり物であり、それらをＬｏｎｄの活動の源泉としているのは、紛れもない事実です。

ＣＳＲのスタートにあたっては、共同経営者６人のＣＳＲに関する知識レベル、目指すベクトルを全員同じ水準に合わせることから始めました。６人の間で理解や認識に違いがあると、異なる道を走ってしまう可能性があったからです。定期的にＣＳＲやＳＤＧｓに関する勉強会を開催し、代表全員がＣＳＲ検定を受けるなどして知識を得、必要性を理解した上で、Ｌｏｎｄができることを模索し始めたのでした。

以来、「まずはできることから」という合言葉の下に実践してきたわけですが、ややもするとＣＳＲの取り組みは、無駄な経費になってしまいます。

ボランタリティの心で取り組むのは前提にあるべきですが、その先にはブランディングや求人、集客等につながるプロジェクトデザインをする必要があり、そのデザインができずにボツになってしまった案件もありました。有効なＣＳＲ戦略をうまく自分たちの業態に溶け込ませるスキルも、日々研さんしています。

こうして、試行錯誤をしながらも、さまざまな取り組みをしているのがＬｏｎｄです。おかげさまで、国連環境計画日本事務局や環境省、ＮＧＯのセクター等にお誘いいただき、さまざまな仕事をいただいているメンバーもいます。

僕たちの事業の一端を本書に記しているのは、すでに実績を残しているという優位性を自慢したいわけでも何でもなく、興味・関心を持ち、一緒に活動してくださる美容業界の方が少しでも増えたら、という思いによるものです。その点をご理解いただけたらと思います。

**社会貢献の理由**

**CSR**
**（企業の社会的責任、社会対応力）**

↓

| | |
|---|---|
| 雇用 | 地球環境保護 |
| SDGs 対応 | ボランティア |
| 社会課題解決事業 | 寄付 |
| | など |

## 環境問題等への
## サロンの対応

**★小さな組織のうちから、**
**環境問題やSDGsに対して**
**スタッフ全員の意識を**
**高めておくことが大切**

## なぜ社会貢献、なぜSDGs?　その2

お客さまの視点で見ると、世の中には美容室がとても多いという現実があります。全国に約25万軒、コンビニの5倍の店舗数です。

料金が安い・高い、若い人向け・大人向けなど、分かりやすい違いはあります。ただ、極論してしまえば、僕たちが考えているほど、お客さま視点では〝美容室には違いがない〟〝同じような美容室に見えてしまっている〟のではないでしょうか。

では、どんな基準で美容室を選ぶかというと、今までは料金や、居心地のよさ、美容師との相性、なりたいヘアスタイルを叶えてくれることなどがあったと思います。今後はそれらと並んで、そのサロンの社会的な貢献、社会問題への取り組みなどを基準に、利用するサロンを決める人が増える――僕たちは、そんな時代が来ると思っています。「Ｌｏｎｄは美容室なのに、こんなことまで真面目に取り組んでいるのか」とお客さまに感じていただけたら、これほどうれしいことはありません。

また、求人活動においても、他サロンとの明確な違いの一つとなっているようです。新卒採用時の面接でも、ＳＤＧｓについて発言する美容学校生がいるなど、若年層ほど社会問題や、世界で起きていることに敏感です。美容業界に限定して言えば、総じてキャリアのある美容師より、若い世代の方がＣＳＲやＳＤＧｓについて知識を持っている印象があります。美容業界の未来を担う世代からの支持という点からも、今後ＣＳＲ、ＳＤＧｓへの取り組みは無視できないポイントになる可能性が大きいのです。

一方、ＣＳＲ、ＳＤＧｓと言われても、美容室の経営にはあまり関係がないと受け止める方もまだまだ多いと思います。しかし、課題解決に取り組んでいる企業やＮＰＯなどをきちんと選んで取引し、応援することも、取り組みの一環といえます。サロン1軒でできることは小さくても、業界全体の意識が高まれば、世界が掲げた目標達成に向けた大きな一歩につながっていくと、僕たちは考えています。

そしてＣＳＲ、ＳＤＧｓへの対応が欠かせない第2の理由は、Ｌｏｎｄが「美容業界で年商日本一を達成する」というビジョンを掲げているためでもあります。組織の規模拡大にあたって、企業価値の判断材料とされるＳＤＧｓへの積極的な取り組みが必要でもあるのです。

美容業界で年商日本一というビジョンの達成までは、遠くて長い道のりです。それでも、小さな組織のうちから、ＳＤＧｓに対してスタッフ全員の意識を高めておくことが大切だと僕たちは考えました。組織が大きくなってから取り組もうとしても、企業文化が育まれていないため、うまくいかないことが多いのです。

現在、スタッフたちは、「世のため人のために役立つことをしている会社」といった認識を持ってくれているようです。Ｌｏｎｄの離職率が低い背景には、会社としての取り組みに対する評価もあるのかもしれません。

# 第4章

# Londが描く夢・未来・これから

## 海外でのサロン展開　その1

海外への出店は、オープン3年目あたりから、僕たち6人の間で「やりたいよね」という話が出ていました。ヨーロッパやアメリカに出店できたらカッコいいけど、もっと今後の経済成長が見込める地域がいいのでは……と6人で話し合い、将来性が高い東南アジアに絞って検討することになりました。

その後、シンガポールなどへ視察に行くようになった頃、フィリピン人の実業家と知り合う機会がありました。話をしているうちに意気投合し、フィリピン（マニラ）に出店する計画が持ち上がり、トントン拍子で話が進んでいったのです。

フィリピンやマニラといえば、日本では治安が悪いイメージもありますが、再開発によって新しくつくられた、マニラ郊外にあるボニファシオ・グローバルシティへの出店計画でした。現地を視察し、もはやフィリピンや東南アジアのイメージが全くない、近未来的な都市であることに驚きました。清潔で整備された街並み、林立する高層ビル群。メンバー全員が気に入り、日本へ戻ってきたものの、実業家サイドとの意思疎通がうまくいかなくなり、結局フィリピン出店計画は幻に終わりました。

その時は縁がなかったわけですが、僕たちは改めて東南アジアに魅力を感じるようになっていました。経済発展が目覚ましく、熱気があり、若年人口も多い。どの国も首都には日本企業や大使館等の駐在員と、その家族が必ずいて、さらに現地の方の所得も上がってきており、日本のサロンへのニーズがある。同時に、現地に新しい雇用を生み出すことができるかもしれない。そんな期待感もありました。雇用は、Ｌｏｎｄが掲げる社会貢献にも合致します。

同じ頃、僕たち6人の友人であり、かつて東京のサロンで働いていた後藤和也さんが、インドネシアへ渡ってジャカルタのサロンで活躍していました。後藤さんが日本へ帰国するたびに、みんなで集まって近況報告会を開く間柄なのですが、僕たちの東南アジアへの興味を聞いて、インドネシアへの出店をすすめてくれたのです。

以前から彼は、「Ｌｏｎｄというブランドを海外に持っていかないのですか?」とみんなに尋ねていました。チャンスがあるよ、と言いたかったのだと思います。

海外での事業は、その国や地域をよく知っているパートナーと組んで準備を進めていくのが、最もリスクが低いことは間違いありません。僕たちは必ずしもインドネシアに固執していたわけではなかったのですが、後藤さんがインドネシア人のパートナーと築いてきた信頼関係があり、就労ビザやサロンの登記手続きが最もスムーズで、一番スピーディに実行できる。そして若年層人口も多く、経済成長しているジャカルタへの出店を決めました。在留日本人が多い割に日本のサロンが少なかったこと、そして何よりも、6人とも付き合いが長く信頼できる人柄で、なおかつジャカルタをよく知る後藤さんの存在が大きな決め手になりました。

彼に「いつオープンできるか」と聞いたところ、「10月です。8月には移住してきてほしい」と言われました。その時点で、6月でした。こうして、あわただしく初めての海外出店準備が始まりました。

# 海外でのサロン展開　その2

ジャカルタへの出店については、Ｌｏｎｄが元々持っていたベンチャー企業気質や、がむしゃらで怖いもの知らずのチャレンジャー精神を社内外に示したい――僕たちには、そんな気持ちもありました。また、「Ｌｏｎｄって面白いことやってるよね」と周囲の人たちにアピールしたかった、という側面もあったと思います。まだまだ、守りには入らない。どんどん攻める。その意思表示でもありました。

インドネシアは1万3千以上の島々から成り立つ島国で、人口は約2億7千万人に上ります。首都ジャカルタは人口１０００万人以上の大都市です。国民の9割近くがイスラム教徒ですが、中東諸国と同じような戒律の厳しさはないようです。親日国なので、日本人に対するヘイトはありません。

インドネシアでは、政令により、ヘアサロン、バーバーなどの業態は外国人のみ（日本人を含む）による会社設立や運営ができないように定められています。インドネシア人を会社の要職に登用することが、事業認可条件の一つになっているのです。こういったローカルルールにも精通している後藤さんのネットワークで、オープンまでの手続きはスムーズに進みました。

サロンの立地は、ジャカルタ中心部から少し離れ、緑が多く、路面店のおしゃれなレストランがたくさんあり、また日本人が多く居住するエリアでした。オープンにあたって現地の日本語フリーペーパーをはじめ、日本語によるInstagram、ブログ等で告知しました。現地在住の日本人をターゲットにしていたわけですが、いざオープンしてみると、お客さまは全くといっていいほど来ませんでした。客数は連日1人、2人程度……僕たちは、現実の厳しさに直面しました。

しかし、オープン4ヵ月目くらいから徐々にお客さまが増えていきました。増え始めた理由は、最初の3ヵ月の間に来てくださった方からの口コミ、紹介でした。駐在員のご家族同士など、日本人コミュニティのつながりがあり、そこでの情報交換でＬｏｎｄを知ったという方が多かったのです。僕たちはジャカルタの地で、集客や増客の原点を改めて思い知らされました。

その後、客数は月２５０人を記録するようになり、ジャカルタの中心部へサロンを移転しました。ビルの5階、店舗面積は約１００平米（30坪）で、家賃は銀座の１／６くらいでしょうか。ビジネス街に近い一等地のため、ジャカルタでは高めの家賃です。

スタッフは今のところ日本人スタイリスト、アシスタントはインドネシア人という構成です。来店されるお客さまは日本人が7～8割、残りがインドネシア人、中国系の方たちなどです。

平均的な客単価は、日本円で６５００円前後。カットだけなら４０００円程度です。ジャカルタ中心部の中でも、高めだと思います。日本のＬｏｎｄのように中価格帯の設定ができないのは、インドネシアは高料金店と低料金店というようなサロンの住み分けが明確でなく、現状では料金による差別化が難しいことや、口コミ・紹介以外の集客ノウハウをまだ確立していないためです。ただし、スピーディに手際よく、クオリティの高いヘアスタイルを――というＬｏｎｄの原則は、異国の地でもしっかりと貫いています。

## 海外事業の展望

実はジャカルタのサロンを出店する少し前に、後藤さんの会社とＬｏｎｄの共同出資による法人をシンガポールに設立しました。今後、東南アジアでサロン事業、美容関連事業を展開していくための拠点です。現在はジャカルタで美容室、理容室、まつエクサロン、ネイルサロンを運営しています。

課題として挙げられるのは、やはり技術者の育成です。法令等により、オール日本人スタッフ（１００％外資資本）による出店ができない国・地域が多く、現地の方たちを雇用する義務が生じるケースが多いためです。ジャカルタのＬｏｎｄには、すでにインドネシア人のスタッフがいますが、国が違えば文化も違い、個人の職業観や、仕事に対する価値観も日本人とは異なるため、育成の難しさは並大抵ではありません。ただ、何事も簡単だと面白くないのも事実で、僕たちが乗り越えるべき壁として、チャレンジしがいのある課題です。

美容師への教育といえば、例えばインドネシアには美容師の国家資格や、美容技術・知識等を専門的に学ぶ教育機関がありません。地元の大手サロンが独自にスクールを開き、受講を終えた人がディプロマを受け取るというパターンもありますが、全員が通うわけではありません。何の知識もない状態から育てる場合も多々あります。インドネシアでカットセミナーなどをさせていただいて、今までに僕たちが知り合った現地の美容師たちは、学びたい、教わりたいといった意欲を持っている人が非常に多いのも事実です。

とはいえ、日本人が多くのインドネシア人美容師に技術を直接教えるのは、現地の文化や慣習などを総合的に考えると、あまり現実的ではありません。むしろ、教えることができる人を育成していく方が、理にかなっているように感じます。こうした形で、僕たちが現地の美容師教育に関わっていく準備を進めています。

サロンそのものは、日本のように掃除が行き届いた清潔な店内で、スピーディでありながら、かゆいところに手が届く技術・接客――これらは、日本人以外のお客さまからも受け入れられて、喜んでいただけている手応えがあります。Ｌｏｎｄらしさの一環としてアップデートしながら、インドネシア以外の国・地域への出店を模索して、リサーチしているところです。また、日本でのＣＳＲと同様に、リサイクル可能なゴミをリサイクル施設へ持っていったり、現地の児童養護施設にカットへ行ったりと、地域貢献の取り組みも始めています。

東南アジアは、南国特有の天然資源（植物や鉱物を含む）が豊富な地域でもあります。この特性を生かして、ヘアケアやビューティ関連の商品開発も手掛けていきたいと思っています。出店にせよ商品開発にせよ、現地での事業により、新たな雇用の創出につながります。雇用し、日本と同じように待遇も良ければ、また多くのハッピーを生み出すことができるわけです。これこそ、Ｌｏｎｄの面目躍如です。

世界中で美容の文化度が高い国は、いずれも平和で豊かな国です。東南アジアには、これから豊かな国々へ成長する底知れないポテンシャルが秘められていると思います。僕たちの挑戦はまだ始まったばかりですが、しっかりと地に足をつけながら東南アジアの上昇気流に乗って、美容文化の創造に貢献できたらと思っています。

# 未来へ向けた、お金の話　その1

このページからは、再び国内におけるＬｏｎｄについてお話しさせていただきます。

Ｌｏｎｄとして何をするにせよ、お金が必要です。オープン当時、僕たちはお金の大切さを誰も理解しきれておらず、手元にお金がない状態でスタートしました。

スポンサーなし、全員のわずかな貯金と、金融機関からの借り入れを資金としたわけですが、オープン前にほぼ使い切ってしまいました。

まず、お店への思い入れが強過ぎて、内装工事とインテリアの装飾品類にお金をかけ過ぎました。「初めての出店あるある」です。また、賃貸契約にあたって、敷金・礼金の他に必要な諸費用の金額が不動産業者によって異なり、決して自分たちで勝手に見積もってはいけないことを学びました。僕たちは、いろいろ楽観的過ぎたのです。

幸いにもオープン初月からお客さまの数に恵まれたため、かろうじて切り抜けることができましたが、このような体験はスタッフに絶対味わってほしくないので、お金の大切さについて現在も事あるごとに伝えています。これからも、口酸っぱく伝え続けると思います。

現在、Ｌｏｎｄは特定のメインバンクをもたず、複数の金融機関（12行）とお付き合いがあります。毎年の決算後、利益率を見て、借り入れできる金額を想定します。その上で、金融機関に相談します。どこに相談するかは、ケースバイケースです。こうして融資金額のめどが立ってから、新年度の新規出店数について検討を始めます。もちろん、新店舗を任せられる人材がいることが大前提です。

決算では、手前味噌になりますが、決算書の「予算」と「実績」がほぼ合致する状況が続いています。見込みを下回ることがないのです。これが、金融機関からの信用につながっているようです。

融資は、決算書の中身が7割、経営者の人柄が3割で、実行の可否が決まるといいます。僕たちは、決算書・人柄ともに満点をとることも、経営者の責任であると思っています。僕たちはスタッフの人生と、お客さまの笑顔を背負っているのです。そう考えれば、背すじも伸びますし、金融機関の方たちとお会いする時も、チャラい服装で出向くわけにはいきません。「俺たち美容師だから」という開き直りは厳禁です。一般社会において相手をリスペクトする最低限のマナーであるスーツ、ネクタイを僕たちが着用するのも、全てはスタッフとお客さまを守るためなのです。

しっかり納税する、利益を残す、キャッシュを残す、借り入れを返済する、決算書のスコアリングをよくする。経営上のグレーゾーンを白くして、〝ひずみ〟をなくす。お金の無駄遣いをせず、スタッフの社会保険料を支払い、どこにも負けない給料を出す――こうした僕たちのこだわりが、Ｌｏｎｄにおけるスタイリストの平均年収８００万円につながっていると自負しています。

# 未来へ向けた、お金の話　その2

サロンの求人において、なかなかいい人材にめぐり会えず、求人広告への複数回の掲載や長期化などで、求人コストが高額になっているところもあると思います。

高額の費用をかけ、ようやく入社してきてくれたスタッフが、半年や1年で退職してしまう。そして、また高いお金をかけて募集する……しかも、いい人材に出会える保証はどこにもない……この繰り返しで、毎年100万、200万とお金が消えていくサロンは、きっと少なくないはずです。

売上は悪くないにもかかわらず、どういうわけかお金が残らない。そんなサロンがあるとすれば、こうした出費が足を引っ張っていることも考えられます。100万、200万の利益を出すためには、どれだけの売上が必要ですか、という話でもあるわけです。

スタッフの離職が少ないと、新たな求人のための費用を捻出する必要がなくなります。1円もかかりません。これはサロンにとって、思いのほかメリットが大きいのです。

なおかつ、人が辞めないので、売上が下がらない。売上が好調で自信をつけてきたスタイリストには、リーダー職として経験を積んでもらい、さらには新店舗を任せる。出店が追い風となり、サロンに新たな勢いが生まれる――このLond流サイクルは、スタッフが辞めない、無駄な求人費用が不要というところから出発しています。

スタッフの離職を「失客」と置き換えても、ほぼ同じ流れになるのではないでしょうか。ホットペッパービューティーに高額の広告を出し、新規のお客さまに来ていただく。まだ顧客が少ない若手スタイリストの客数を増やすために、ホットペッパーを活用しているサロンも多いと思いますが、こうしてサロンが用意してくれたチャンスをリピートにつなげ、なおかつ口コミや紹介につなげていかないと、延々とホットペッパーに出費→新規客を担当→失客→またホットペッパーに出費→新規客を担当→失客、を繰り返すことになります。サロンにお金が残らず、給料も増えようがないわけです。

中には求人とホットペッパービューティーのダブル出費で、毎月相当な額のお金が消えていくサロンもあるでしょう。しかし、このダブル出費が続く限り、いつまでも「美容師＝低賃金」の構図は変わらないのです。経営者や幹部だけでなく、スタイリストやアシスタント一人一人がこの事実を認識しなければ、「売上は悪くないのにお金がない」「給料が増えない」の悪循環から抜け出すことは難しいと思います。

「美容師さんって、給料安いんでしょ？」――こう言われない職種になるためにも、スタッフの退職が少ないサロンをつくることはマストなのです。

# 未来へ向けた、お金の話　その3

Ｌｏｎｄでは、シャンプー1プッシュが○円、輪ゴム1つが△円、ペーパー1枚が×円というように、サロンワークで用いる全ての粧材、材料を1回あたりの値段に換算し、書面に明文化して、各店舗でスタッフ全員から見える場所に貼っています。1回使うたびに、どのくらいのお金がかかっているのかを知ってもらうためです。

こうした取り組みによって、毎日お客さまへ当たり前のように使っている粧材、材料のコスト感覚が身に付いていきます。

ヘアカラー剤は、使用したグラム数を必ず記録しています。明らかな使い過ぎや無駄遣いがあったスタッフは、各店舗にいる材料担当メンバーから警告を受けます。

このようなＬｏｎｄの習慣は非合理的ではなく、かなり合理的といいますか、細かいです。粧材のように毎日使うもの、目に見えるもの、当たり前のようにサロンにあるものに関しても、どんぶり勘定をしないということです。どんぶり勘定が積み重なると、サロンの経営に大打撃を与えることがあります。こうしたところをきちんとすることも、〝ひずみ〟のない経営に必要なのです。

僕たちには、尊敬する異業種経営者が大勢いるのですが、その中の1人の言葉に「経営とは1円の大切さと、数百億円のスケール感」というフレーズがあります。

Ｌｏｎｄは現在のサロン規模では、数百億円のスケール感には足元にも及びません。ただ、スタッフに最高の待遇を提供した上で、いつかそのレベルに到達するためにも、1円を大切にする経営は実践し続けていきたいと考えています。

一方、シャンプー1プッシュや輪ゴム1つの値段を貼り出して、なおかつ給料が安いままだと、スタッフは辞めていきます。あるいは辞めないまでも、特に頑張ろうとはしない、よどんだ空気のサロンになってしまいます。コストを抑えるなら、その分の一部でもスタッフに還元できる施策をしないと、スタッフのやる気は上がらないものです。

Ｌｏｎｄの場合、こうした1円単位の細かい取り決めをしている分、待遇がいいことをスタッフ全員が知っているので、納得し、協力してくれているのです。

粧材や材料の仕入れについては、共同経営者6人の中に担当役員がいます。そして各店舗には、材料担当スタッフが1人ずついます。粧材や材料を細かく管理する理由は、どの商品をどれくらい使うかによって、サロンの利益が変動するからです。

Ｌｏｎｄは、前にも書いたように、お客さまにいい粧材を使うという方針があります。ただし、料金は中価格帯のままで、という条件付きです。このような場合、普通は仕入れ値を下げてもらう交渉をするのが一般的だと思います。ところがＬｏｎｄは、「全ての取引先に利益をもたらすこと」をモットーに掲げているため、相手の利益が減るような交渉はしません。時間をかけて話し合い、意見交換を重ねて、両者にとって最良の着地点、落としどころを見出します。こういうところは、とても泥臭く、非合理的なのです。

## 隣接異業種への挑戦

Ｌｏｎｄは、ヘアサロンの他にアイラッシュサロンを2店舗経営しています。場所は2店舗とも銀座です。銀座には、Ｌｏｎｄのヘアサロンが3店舗あります。この3サロンへ来店されるお客さまに対して、アイラッシュを紹介しやすく、実際に多くのお客さまが足を運んでくださっています。アイラッシュのオープン時は、月５００人の来客がありました。この客数は銀座エリアの新記録だったそうで、幸先のいいスタートを切ることができました。

前にも書いたように、当初はバーやカフェ、整体といった業態による出店を考えていた時期もありましたが、最終的には材料費率が低く、利益率が高いアイラッシュに落ち着きました。また、Ｌｏｎｄオープン当時、ヘアサロンの閉店後に同じスペースを使って、朝まで別業種で営業する――という破天荒なアイデアもあったわけですが、アイラッシュは単独で物件を借り、ヘアサロンから独立した形で運営しています。

アイラッシュも、基本的にはＬｏｎｄと同様に「28歳・ＯＬ」をターゲットにしています。ニューヨークの老舗ホテルのような高級感と、おしゃれで品がいいチョコレートショップのイメージを組み合わせたインテリアにより、ヘアサロンとは一味違う空間になったことは結果的にとてもよかったと思っています。

加えて、飲食業のような未経験の分野に進出するよりも、ヘアサロンの親戚的な感覚もある〝隣接異業種〟のため、店舗づくりや人材育成など、ヘアサロンで培ってきたノウハウをある程度応用できます。アイラッシュからヘアサロンへの誘導など、互いに顧客をシェアしやすいメリットもあります。

「今（ヘアサロンに）いるお客さま」に、ヘアサロンとは異なるサービスを買っていただくことができる。あるいは逆に、アイラッシュのお客さまに、アイラッシュとは異なるサービスを買っていただくことができる――これこそ〝隣接異業種〟の魅力です。ヘアサロンとは全く異なる顧客層を対象にした事業に進出すると、店舗型ビジネスの場合、告知や集客などに莫大なコストがかかります。お金の面だけでなく、時間のコストもかかるわけです。その点、〝隣接異業種〟であれば、顧客対象を現在のお客さまとして考えることができます。

技術面に関しては、アイラッシュの場合とても繊細かつ慎重な作業を伴うため、ヘアサロンのような施術のスピード感を求め過ぎるわけにはいきませんが、料金に関してはＬｏｎｄと同様に明朗会計、分かりやすい価格表示で運営しています。こうして、利益率が高い別業種の経営に携わるのは、高く設定しているＬｏｎｄ本体の人件費を賄う目的もあります。また、手荒れ等で美容師を続けることが難しくなったスタッフに、新しいステージを用意できることにもつながります。

アイラッシュの専属スタッフは2店舗で20人近くいますが、アイラッシュスタッフの悩み相談をメンター担当役員が受けることがあります。美容師とは異なる種類の悩みも多く、メンター部にとっても新たな気付きや発見の連続です。

## スタッフ発の新規事業

Ｌｏｎｄには、スタッフがアイデアを考え、経営陣の前でプレゼンし、合格するとサロン（会社）から出資を受けたり、サロンの新規事業としてスタートすることができる「Ｌｏｎｄの虎」という場があります。

かつて「マネーの虎」というＴＶ番組がありましたが、その影響をもろに受けたネーミングです。本家と違うのは、ジャッジするのが僕たち6人ということで、「マネーの虎」のような緊張感がないことです。とはいえ、プレゼンするスタッフ、ジャッジする僕たち、お互いに和気あいあいでありながらも真剣です。

スタッフは、「こういうことをしたら新しい売上につながるんじゃないか」「お金さえあれば、チャレンジしてみたいクリエイティブ活動がある」「これはお客さまに喜ばれるのではないか」といったアイデアや願望を、何かしら持っているものです。特に若いスタッフの方が、固定観念や先入観がない分、斬新で柔軟な発想がある印象があります。キャリアのあるスタッフは、たくさんの経験を積み重ねてきた中で生まれた、さまざまなアイデアや要望を持っています。

実際に事業化された例としては、女性スタッフが趣味でつくっていた手づくりアクセサリーがあります。「かわいい」「おしゃれ」と、スタッフやお客さまからの評判がよかったもので、手づくりした女性スタッフが「Ｌｏｎｄの虎」でプレゼンし、ジャッジの結果、サロンでの販売にＧＯサインが出ました。

ハンドメイドなので大量生産できず、事業化といっても大規模にはできないものでしたが、本人にとっても、僕たちにとっても、そんなことはどうでもいいのです。大事なのは、スタッフが興味を持ち、やってみたいと思っていることをかなえられる――その一点に尽きます。また、スタッフが、自分には何ができるかを考えて行動するきっかけにもなります。そして「Ｌｏｎｄの虎」への参加を通して、思いを言葉で人に伝え、納得してもらうためのスキルを磨くことにもつながります。

プレゼンの一例として、「フォトコンテストで絶対優勝するので、衣装やカメラ、モデルさんのギャラのために１００万円出してほしい」という要望があっても、全然構わないわけです。そのプレゼンに対して、共同代表の１人が40万円、別の１人が10万円という具合に、代表それぞれが出資額を決めて、スタッフの挑戦を後押しすることだって可能です。

強い意欲や思いがあるのに、お金が足りなくて実現できていなかったことを、実はスタッフ一人一人が持っている気がします。だけど僕たちは、やってみたいことや憧れがあるのに、お金がないからと諦めてほしくないのです。なぜなら、Ｌｏｎｄはスタッフの夢をかなえ、成し遂げることができる場所だからです。その中から、事業化できるものがあれば、また大勢の人をハッピーにすることができるのではないかなと思っています。

## 伝統文化への共鳴・支援

かつて、Ｌｏｎｄに元山君というスタッフがいました。とても優秀で、将来を嘱望されていたのですが、家業の和裁（着物を仕立てる仕事）を継ぐため、実家のある長崎へ帰ることになりました。

元山君は祖父が和裁業界の全国組織で会長を務めた方で、父親が和裁学校の経営と、代々和裁に携わってきた家で育ちました。しかし、和装の需要が減っている上に、90％以上が海外縫製となり、高齢化や後継者不在によって、国内の和裁士は年々減少していました。

このままでは、日本が世界に誇る伝統技術の一つが姿を消してしまいます。先細りと言われても仕方がない状況の中、元山君は「和裁士の新しい未来をつくりたい」と一念発起し、和裁業界から一般企業へ転職していた兄の巧大さんに復帰を促して、兄弟で会社を設立しました。先人たちが培ってきた知恵と技術を活かし、現代の感性とトレンドを織り交ぜた、新感覚の着物づくりと販売を行う会社です。

Ｌｏｎｄは、そんな元山君の夢を応援したくて、彼の会社への出資を決め、また経営者の経験がなかったところを補うために、経営を伴走することにしました。元山君は兄と共に再び上京し、新感覚の着物サロンをオープンすることになったのです。

元山兄弟のブランド「巧流 -Ｃａｌｌ-」は、一人で着れる・洗える着物という特徴があり、着くずれないデザインとして特許を取った和服や、和紙を素材に用いた洋服など、既成概念にとらわれない発想で、実用的かつおしゃれなアイテムを数多く発表しています。コロナ禍では、大島紬や結城紬を用いたマスクや、絹（シルク）のマスク（いずれも洗えるもの）が評判となりました。成人式の中止が相次いだことを受け、無料で振袖の着付、写真撮影を行った取り組みは、ＴＶ・新聞でも大きく取り上げられました。現在では衣類のみならず、人体に優しいサプリメントや香木も扱い、「粋ったＤｅｓｉｇｎの〝衣食住〟」というコンセプトで事業をスタートさせています。

これらは全て、和装に関心を持ち、実際に和のおしゃれを楽しむ人が増えるきっかけになればと願う、元山兄弟がつくったエントランスなのです。この入口をくぐり、和装の魅力を知った人たちの中から、和裁士という職業に興味を持つ人が出てきてくれたら……という2人の一途な思いと情熱が、全ての活動の原点になっています。

元山兄弟が手掛ける着物は、粋でありながら環境に優しく、人の心にも優しい衣装です。日本で古くから受け継がれてきた技術によってつくられた素材を生かして、現代的なデザインを組み合わせる。その根底には地球環境や人、社会、地域に配慮したエシカルな考え方があり、これはＬｏｎｄが目指す方向性とも一致します。

Ｌｏｎｄでは、このようにヘア&ビューティとは異なる業種であっても、賛同できるアクションを積極的に支援していきたいと思っています。そして、エシカルの輪を広げていくことは、人にも地球にもポジティブであり、元山兄弟の夢が実現する道に必ずつながるものと信じています。

## アカデミーの創設

Londは2020年、コロナ禍が一段落した時期に、社内アカデミーを開講しました。現在、月に5~6日の周期で、定休日のサロンを使って開催しています。アシスタントを対象とした職業教育の場です。

年中無休の店舗に勤務するアシスタントも、その日は店長やスタイリストの了承を得て、営業よりもアカデミーへの参加を優先してもらっています。カリキュラムに沿った技術トレーニング、SNS講習、ビジョンや企業理念の再確認など、貴重な時間をできる限り有効に使う学習の日です。アカデミーでは代表も直接指導にあたり、テクニカル部や動画カリキュラムなどの目的とも重複しますが、教育のムラをなくすことや、スムーズな人材育成が可能になりました。

普段は別々の店舗に所属している同期のメンバーが集まることで、横のつながりや絆を深めることができ、同期のカリキュラム進捗状況を確認することもできます。アシスタントにとっては、同世代における自分の立ち位置を知り、新たな刺激、モチベーションを得られる場にもなっています。

美容業界も働き方改革が進み、閉店後のサロンでの居残り練習や、早朝出勤・休日出勤によるトレーニングを容認するサロンは減ってきたと思います。今、アシスタントがウイッグとじっくり向き合える時間は、実はそれほど多くないはずです。アカデミーは、相対的に減少したトレーニング時間を補う目的もあるわけです。

前にも書いたように、Ｌｏｎｄは新卒での入社からスタイリストデビューまでの期間が1年半です。サロン内でトレーニングをする時間が以前よりも減っている中、1年半という期間内で有意義に学ぶためにも、アカデミーの存在はより大きなものになっていくと思います。

今後は、この社内アカデミー機能を充実させ、スタッフの育成に一層力を入れながら、サロン外の方にもアカデミーを開放し、利用していただく計画を進めています。

美容専門学校を卒業して就職できなかった方や第二新卒と呼ばれる方をはじめ、学びたいけれど学べる環境にいない若い美容師の方を中心に活用していただく方向でプランニング中です。

就職活動を控えて、より実践的なシャンプーなり、ヘアカラーやパーマなりの技術を身に付けたい方など、各自の目的に合わせて使っていただけるように準備を進めています。

月謝等の費用は一切なし、無料です。Ｌｏｎｄは、こういうところでお金もうけをしようとは考えていません。また、このアカデミーでトレーニングをしたからといって、Ｌｏｎｄに就職する必要は全くありません。Ｌｏｎｄへ誘導するつもりもありません。

求人広告を出しても応募が少なく、人手不足で困っているサロンが増えていますが、そんなサロンとアカデミーをマッチングする仕組みづくりを考案しているところです。

# 6人のサロンワーク

Ｌｏｎｄの共同経営者6人は、全員美容師です。前にも書いたように、美容師としてのタイプは全員違います。もし、6人ともカットの技術を極めたいタイプだったり、全員がケミカル博士、全員が店長、全員がクリエイティブなど、同じ志向の持ち主だったら、Ｌｏｎｄは長続きせず、早々に空中分解していたような気がします。奇跡的な偶然なのですが、6人それぞれ全く異なる志向の美容師なのです。

そんな僕たちですが、現在も全員サロンワークはしています。最も多くサロンに立っているのは、ジャカルタのＬｏｎｄにいる海外事業担当役員です。言葉も文化も生活習慣も異なる国で、インドネシア人のアシスタントに技術や接客を辛抱強く教えながら、大黒柱のオーナースタイリストを務めているからです。今はジャカルタのＬｏｎｄという畑を耕し、スタッフ育成という名の種をまいて水や肥料を与え、芽が出て花が咲くのを待っている時期でもあります。

日本にいる5人は、程度の差はありますが、サロンワークをしながらも、その比重は徐々に減ってきています。代わりに担当部署（メンター部やテクニカル部など）を通じたスタッフ教育や、各自で分担しているマネジメント業務に向き合う時間が多くなっています。

今後、美容業界での年商日本一というビジョンを達成し、スタッフへの待遇がいいＬｏｎｄであり続けるためには、僕たちがあまりサロンに立たず、裏方的な役割の比重を増やす方がいいことは、何となく分かります。

それでも定期的にサロンに立つのは、指名のお客さまがいらっしゃるからという理由もありますが、やはり現場でスタッフに背中を見せたり、サロンの雰囲気やスタッフの様子を身体で感じることが、マネジメントのアップデートにも役立つためです。時には、忙しいスタイリストやアシスタントのヘルプに入ることもあります。

スピーディな施術で中価格帯、がＬｏｎｄの大きな特徴ですが、テクニカル部の話の中にも書いたように、「美容師として」大事な部分をスタッフに伝えていくのは、テクニカル部のメンバーだけでなく、僕たちにも課せられた役割です。美容師として当たり前のことをどれだけ、どのようにできるか。このお手本を見せながら伝え続けていくには、サロンワークが最適なのです。会議やミーティングでどれだけ熱く語ったとしても、こちらが思うほどには伝わらないものだからです。

これは、僕たちが毎日朝から晩までサロンに立つわけではなく、みんなが忘れた頃にやってくる程度の間隔だから、効果的なのかもしれません。

指名や売上が多いスタイリストの仕事から、僕たちが学ぶこともたくさんあります。いいな、と思うところはこっそり真似しています。ついこの間までアシスタントだったスタッフの指名が増え、忙しく仕事をしている姿を見ると、いつの間にこんなに成長したんだ、とうれしくなります。サロンワークは、今後さらに回数は減るかもしれませんが、やめられない魅力があるのです。

## 組織力を生かして

ここ数年、SNSを活用した集客や、SNSによるスタイリスト個人のブランディングが多くなっています。これらは、基本的にはスタッフ一人一人の〝個〟による発信がベースです。当面、同様の流れが続くものと思われます。

Londでも、スタッフには入社1年目からSNSをやってもらっています。意外なのは、入社するまでSNSの使用経験がなかった、というスタッフが少なくないことです。今どきの子たちだから、みんな言われなくてもやっているはず……と思い込まない方がよさそうです。

入社早々の時期からSNSに取り組んでもらう理由は、実務経験の長い美容師が、キャリアの途中からSNSを使って集客することが、必ずしも容易ではないからです。なるべく早いうちからSNSになじんでもらい、フォロワーをつけておく方が、デビュー後の集客や売上にもポジティブな効果があります。

こうして、個の力を借りる形でSNSによる発信を行い、集客なり、スタッフのセルフブランディングなりを進めているわけですが、Londではサロン全体で個を高めること・強めることができないか、真剣に模索しています。

Ｌｏｎｄの強みの一つは、間違いなく組織力にあります。この組織力を生かして、個を伸ばし、「みんなで勝つ」というメンタリティを育んでいきたいのです。

例えば今、スタイリストがインスタでバズって、新規集客に成功し、個人売上が増えたとします。周囲のスタイリストやアシスタントは「すごいな」「うらやましいな」と思うと同時に、「すごい」「うらやましい」＝自分にはできない、自分とは違う、あの人だからうまくいった、というふうに思い込んでしまいがちなのです。言い換えると、〝取り残された感〟を受けてしまうスタッフが生まれやすいわけです。

この〝取り残された感〟を誰一人として感じずに済むよう、僕たちの長所である組織力を生かして、一人も取り残さず、みんなで勝つＬｏｎｄにしていきたいと考えています。

ただ、これは「頑張らなくても、結局誰かが助けてくれる」「努力しなくても、いいところまで行ける」とは明らかに違います。頑張っているけれども、なかなか成果が出ない。努力しているのに、伸び悩んでいる。そんなスタッフに対して、組織の力でフォローアップできないだろうか、ということです。

「君も頑張れ」「あの人にできたのだから、君にもできる」といった励ましや声掛けは、今の時代にはほとんど効果がないと思います。「頑張り方が間違っている」「努力の方向が違う」というような指摘やアドバイスも、建設的ではありません。むしろ逆効果で、スタッフの〝取り残された感〟が増長してしまうだけなのです。

大切なのは、サロン内に取り残される人や、負ける人を一人も出さないことです。取り残されそうな人には必ず手を差し伸べる、負けそうな人がいれば必ず助ける。そして、みんなで勝つというメンタリティがサロン独自の文化になれば、Ｌｏｎｄはさらに飛躍していける気がしてなりません。

## 大きくなってきた故の悩み

アシスタントなしの6人でスタートしたＬｏｎｄも、スタッフ数が２００人を超えました。サロンは直営店、フランチャイズ、アイラッシュ、海外を含めると30店舗近くにまで増えてきました。コロナ禍で新規出店のペースを落とした時期はあったものの、美容業界での年商日本一を目指す＝日本で一番たくさんの幸せを生み出すサロンになるには、まだまだ道半ばです。

一方、数店舗でやっていた頃に比べると、Ｌｏｎｄが大きくなるに従って、サロンの雰囲気が変わってきてしまったなぁ……という印象を受けることがあります。ポジティブな変化もたくさんあるけれど、その逆もある気がしてなりません。

例えば、僕たちならではの特徴だったファミリー感など、もう少し濃かったＬｏｎｄの〝色〟が、薄くなってきたように感じられるのです。

接客中のトークで、「Ｌｏｎｄのいいところ」をお伝えする会話があるとして、お客さまに「伝えたい！」という気持ち、熱、思いを込めて話すスタッフがほとんどだったのですが、だんだん〝淡々とこなす感じ〟になってきたように見えます。

退職者がいないのがＬｏｎｄの自慢だったのに、それもゼロではなくなりました。まだかなり少ない部類には入っていると思いますし、和装士の元山君のようなケースもあるわけですが……。

オープン以来5〜6年を過ぎたあたりから、客数や売上が安定してきたサロンにありがちな光景、なおかつスタッフ数が増えてきたサロンにありがちな光景であることは、頭では分かっているのですが、もしかすると今僕たちの目に見えているものは、実は僕たちの今の姿を映したものなのかもしれない、とも思います。

設立からの数年間、圧倒的な熱量、高いモチベーションで突っ走っていた時に比べれば、スタッフも店舗数も売上も、桁違いに増えました。オープン当初のように、手元にお金がない、という事態もありません。お客さまが増え、企業理念にある通り、スタッフには最高の待遇を提供できています。

セミナーの講師としてお招きいただくようになり、同業者の方たちの前で語る機会が増えました。美容専門誌でも、複数の出版社から何度も取材のオファーを受け、記事に取り上げていただいています。求人に困ることもありません。

気が付けば、僕たちの心の中で、無意識のうちに何かが満たされ始めていたのです。年商日本一への道のりはまだまだ遠いのに、です。

いつの時代も、最大のライバルは僕たち自身なのかもしれません。Ｌｏｎｄの成長を妨げるものがあるとすれば、それも僕たち自身なのでしょう。Ｌｏｎｄらしさがなくなってきた、Ｌｏｎｄの〝色〟が薄くなってきたように感じたなら、きっと僕たちに原因があるのではないか――。

油断せず、慢心せず。サロンに物足りなさを感じる瞬間があるとすれば、それは僕たちに何かが足りないからなのです。大きなビジョンの達成に向けて、もう一度僕たち自身が気を引き締め、初心を忘れずに走り続けたいと思います。

## 人に優しく、地球に優しく

第3章でＬｏｎｄが行っているＣＳＲ、ＳＤＧｓの取り組みについてお話ししました。これからの時代、この分野への取り組みは、一介の企業として欠かせないものになります。そういうことは大企業に任せておけばいい、俺たちは美容師だから関係ない、という時代ではないのです。サロン、美容師にできることはたくさんあります。そして今後、選ばれるサロンになる上でも重要になることは間違いありません。選ばれるとは、お客さまに選ばれる、美容学校生に選ばれるという意味です。

**［ＳＤＧｓ　５　ジェンダー平等を実現しよう］**

Ｌｏｎｄでは、女性幹部の積極的な登用を図っています。現在、店長など幹部のほぼ半数が女性です。多様な意見や価値観を経営に生かす他、産休・育休制度や産休明けの時短制度などを整え、女性が働き続けやすい労働環境を整備しています。

［SDGs　7　エネルギーをみんなに　そしてクリーンに］

サロンで使う電力を、再生可能エネルギーに切り替えました（第3章）。

［SDGs　8　働きがいも経済成長も］

ジャカルタにサロンをつくり、海外事業を展開していることはすでにお話ししました。現地にて美容師の育成を行ない、雇用を創出しています。海外で働きたい日本人美容師の教育にも積極的に取り組んでいます。今後は活動の範囲をより広げ、雇用の創出と現地での生産活動にも貢献していきます（第4章）。

［SDGs　14　海の豊かさを守ろう］

脱プラスチックに向けた、さまざまな取り組み（第3章）。

ここに紹介したのは、Ｌｏｎｄが行なっている事業の一端に過ぎません。全てを細かく紹介すると、それだけで1冊の本が出来上がると思います。ページの都合で一部のみを記載しましたが、僕たちの世代は気候変動の影響を受ける最初の世代で、気候変動を止められる最後の世代と言われています。身近にできることから始めてみる――この精神が大切です。

また今後、ＬＢＧＴＱ（＋）（エルビージーティーキュープラス。性の多様性）への理解も必須になります。対お客さまだけでなく、対スタッフにおいても大事な理解になるはずです。

そして、第2章でも触れたシャンプーの量り売りについては、ヘアサロン業界の新しいスタンダードの一つとして、全国のサロンに普及することができたら、美容業界全体での脱プラスチックにつながいます。

Ｌｏｎｄではこれからもサロン、そして美容師の立場でできる身近なことから、地球に優しい、全ての人に優しい社会の実現に向けた事業を続けていきます。

# 中価格帯の誇り

何度も書いてきましたが、僕たちＬｏｎｄは中価格帯のサロンです。高くはないが安くもない、まさに中間地点の価格設定です。平均客単価は、８８００円程度。この料金で銀座や表参道、恵比寿、吉祥寺などでも店舗展開しています。同じエリアの高単価サロンに比べると、3～4割程度安いのではないかと思います。

高料金にしていない分、仕事の無駄を徹底的に省いてスピードを上げ、施術時間を短くしています。そのため、1分間当たりの料金を比較してみれば、高単価サロンと極端な違いはありません。客単価において3～4割だった差異は、時間単価で見ればほとんど変わりません。

スピーディな仕事で、お客さまには早くお帰りいただく。もちろん、高いクオリティの仕上がりが保証された上で、です。これがＬｏｎｄの顧客満足であると考えて、1つのセット面で1日にどれだけ多くのお客さまを施術できるか――つまり、1席あたりの回転率を高めることで売上を伸ばすと同時に、サロン（会社）としては無駄な出費を極力減らしてきました。スタッフ数が２００人を超えた今もなお本部オフィスを持たないのは、オフィスにかかる家賃や人件費を抑制する目的もあるわけです。

これらは、「美容師の待遇を上げる」というＬｏｎｄ設立の原点を出発点とし、そこから全て逆算して編み出したものばかりです。こうして、スタイリストの平均年収８００万円を実現してきたのです。

東京の中でも、同業者間の生存競争が特に激しい地域にあるサロンと美容師は、人から見えないところで、すさまじい努力や勉強、研究をしています。それはもはや、想像を絶するレベルの努力であり、研究です。加えて、家賃は日本で一番高いエリアです。そこにヘアスタイルのオリジナリティやデザイン性を加味して、高料金が受け入れられているのだと思います。高料金によって、サロンや自身の価値を高めたいと考えている美容師の方は多くいらっしゃいます。それは当然の考え方であり、同時に美容の価値そのものも高まります。サロンとして、また美容師として、理想的な生き方であることは間違いありません。

僕たちＬｏｎｄは、その土俵では戦ってきませんでした。僕たちの価値よりも、美容師そのものの待遇を上げることに重きを置きました。根本的な待遇を変えなければ、美容師という素晴らしい職業に夢も希望もなくなる危機感があるからです。僕たちがやらなければ、誰がやる――設立当初からベクトルが異なるため、僕たちより料金が高いサロンや美容師を見ても、劣等感はありません。

むしろ、僕たちはＬｏｎｄが中価格帯であることに誇りを持っています。銀座や表参道でも中価格帯でできる、という誇りです。中価格帯でも、スタッフに最高の待遇を実現できている誇りです。中価格帯でも、離職率が低いサロンをつくることができている誇りです。高料金サロンに比べて安いからといって、サロンや僕たちの価値が下がるとは思いません。

これからも中価格帯の誇りを胸に、給料が安い、休みが少ないといった美容師のネガティブなイメージを全て覆すサロンをつくっていきます。

## 幸せな美容師を

Ｌｏｎｄの企業理念にある「従業員の物心両面の幸福を追求する」とは、一言で表現すると、幸せな美容師を増やしたいということです。スタッフへの待遇がいいサロンをつくっているのも、全ては幸せな美容師を増やすためです。そして、美容師を「給料安いんでしょ？」と言われ続ける職種から、「すごく収入が多い仕事」と、うらやましがられる存在に変えていきたいと僕たちは本気で思っています。

今まで、好きな美容の仕事ができているのだから、とか、お客さまに喜んでいただくことが最高の対価、といったさまざまな理由付けで、美容師の金銭的な待遇は低く抑えられてきました。

その結果、美容師の離職率は一向に下がらず、慢性的な人手不足のサロンが増えました。指名売上が毎月何百万円にも達するハイパフォーマー美容師は好待遇を得ていると思いますが、そのような忙し過ぎるサロンでは、スタッフのストレスからパワハラやモラハラが頻発し、ついていけなくなる（退職する）美容師が少なくありません。また、サロンワークでの不備を終礼で指摘され、仕事への意欲をなくしていくスタッフもいると思います。だけど、そもそもたくさんのお客さまが来てくださっていること自体が素晴らしいことだし、スタッフ全員が頑張っている上での出来事です。一見ネガティブな問題も、実はポジティブな日常が成り立っているからこそ起きることを、僕たちは伝えています。アシスタントの仕事でミスがあったとしても、一方的にアシスタントに責任があるわけではなく、教える側・伝える側のスタイリストにも責任の所在があることなども、日頃からスタッフに話しています。

全ての原因が「美容師の給料が安いから」と決めつけることはできません。ただ、全部ではないにせよ一因として、待遇の悪さはあると思います。

とにもかくにも、美容師の低賃金を改善していかなければ、この業界に明るい未来はありません。

幸せの価値観が人それぞれ異なることは、僕たちも知っています。であればこそ、せめてＬｏｎｄに来てくれたスタッフに関しては、一人一人の幸せの価値観・基準を知り、その欲求をサロン（会社）が満たして、なおかつ好待遇で美容師人生を歩んでもらいたいと考えたわけです。

Ｌｏｎｄの設立が、僕たちの美容師としての力量を試す場所が欲しかったためではなく、プレーヤーとしてやりたいことを全部できるサロンが欲しかったわけでもなく、美容師の待遇を抜本的に変える企業をつくることが目的であったことは、すでに書きました。僕たちがビジョンに掲げる「美容業界での年商日本一を目指す」のも、僕たちが金もうけをしたいからではないのです。業界で年商日本一になるということは、それだけ多くの雇用を実現し、好待遇の美容師が増え、巡り巡って多くのお客さまにたくさんの幸福をおすそ分けできる、その結果として日本中にハッピーな人が増える、そんな企業を指しています。

現時点で、僕たちより給料が高いスタイリストはＬｏｎｄ内にたくさんいます。そもそも僕たちは6人の共同経営で、報酬は均等なわけですが、1人で社長を務めておられる方に比べて、報酬は当然安くなります。そんな僕たちより収入が多いスタイリストがいっぱいいる――これは、僕たちにとって理想のサロンが実現していることを意味するのです。

## 6人じゃなく1人だったら　その1

6人の共同経営ではなく、1人で独立していたら……そのサロンはきっとうまくいかなかっただろうなと、全員が思っています。身の丈に合ったサイズの美容室を営むのは可能だろうけれど、Ｌｏｎｄのようにスタッフの待遇がダントツによく、離職率が低いサロンをつくるのは相当難しかっただろう、ということです。15年、20年、30年といった超長期的なスパンで考えれば、不可能ではありませんが、実現するのが西暦２０４０年、２０５０年といった近未来の話になってしまいます。その間にも、美容師の待遇の悪さに絶望して、美容業界を離れていく人材が後を絶たないと思います。

実際に1人で経営する場合、オーナースタイリストとして、プレーヤーの仕事が主流を占めることになります。経営者であると同時に稼ぎ頭であるため、サロンワークでフル回転しなければなりません。スタッフなしで、本当に「1人サロン」であれば、それでいいのですが、スタッフを雇う場合、サロンワークでフル回転の傍ら、人を育てていく義務が生じます。ただ、スタッフの求人すら難しいかもしれないのが実情です。

僕たち6人は、お金や売上の管理も、どちらかといえば苦手なメンバーばかりです。たまたま、本当に偶然、細かい数字を追う仕事を苦にしないメンバーがいたので、他の5人は非常に助かっています。

メンバーの中には、大雑把で飽きっぽく、結果が出ると熱が冷めやすいタイプの人がいます。職人気質の美容師もいます。要は、みんな1人でサロンを持つこと自体はできたかもしれませんが、その先の展開が困難だったであろうことは、想像に難くありません。

美容師の待遇を変えていかないとマズい、という危機感を一人一人が持っていたとしても、どう行動すればいいのか分からない、何から手をつければいいのか分からない、といったレベルだったように思います。自分ではない、志のあるサロン経営者がやってくれるだろう、くらいに考えていたかもしれません。

幸い、Ｌｏｎｄは美容師6人による共同経営という特殊な形態で、そうした懸案にも早い時期から取り組むことができました。創業から2年ほど過ぎた頃の話ですが、スタッフが少しずつ増えてきた時期に、お互いに担当してほしい役割を6人で話し合ったことがあります。学生時代からの付き合いで、一人一人の性格・長所・短所を知り尽くしているからこそ、適材適所の役割分担ができました。以来、それぞれの業務がより明確になり、Ｌｏｎｄの成長が一層加速したのです。

また、言葉による表現がとても難しいのですが、経営者としてのつらさや孤独感が全部1人に押し寄せてくるわけではなく、気持ちの上では6等分されるため、精神衛生状態の極度な悪化がありません。元々が友人同士という関係性が影響しているのかもしれませんが、メンタル面でのスタミナの消耗が6等分され、軽減されるような気がするのは、共同経営ならではです。

## 6人じゃなく1人だったら　その2

共同経営の長所の一つに、自分が思ってもいなかった着眼点によるアイデア・考え方を共有できる点が挙げられます。そのおかげで、思考や想像力の幅が広がることや、個人のキャパシティには存在していなかったスケールの新規事業開始など、6人ならではのメリットがＬｏｎｄに独自性をもたらしてくれています。もし1人でやっていたら、今僕たちがそれぞれ考えていることや取り組んでいることの入口にすら、たどり着くことができていなかったと思います。

すでにお話ししてきたように、Ｌｏｎｄではメンター部やＣＳＲ、海外事業など、他サロンではあまり前例のない取り組みが稼働しています。これらは、サロンの経営判断や事業計画の場において、6つの頭脳があったからこそ生まれたものです。スタッフ一人一人のメンタルケアや、社会貢献・地球環境保護、ましてや海外でのサロン展開など、1人経営だったら思いつきもしなかったでしょうし、仮にアイデアが浮かんだとしても、実行する優先順位はかなり低かったはずです。

こうした試みは、Ｌｏｎｄ自体に奥行きと厚みを持たせてくれる結果となりました。サロンの独自化という面においても、非常に大きな存在となっているわけです。

また、僕たち一人一人が、自分には何ができて、何ができないのか、自己の特性を考えるきっかけができたのも、このメンバーとの出会いからです。人はキャリアを積み、成功体験を得ると、自分自身が何でもマルチにできる逸材であるかのような錯覚に陥りやすい側面があります。しかし僕たちの場合、キャリアも成功体験も何もない学生時代に出会えたおかげで、美容師としてのプライドが高くなる前に、自分に足りないものに気付かせてもらうことができ、お互いに素直に受け入れることができました。これは一見地味なようで、かなり重要な出来事であったと思います。

そして、6人いるからこそ、1人で好き勝手なことができない――これも、Lond流共同経営の大きなポイントです。

例えば1人で経営して、サロンが軌道に乗り、売上が増えてきたら、少しくらいレジのお金を使っても大丈夫だよ、というサタンのささやきが聞こえてきたかもしれません。また、サロン（会社）のお金を、少しくらい個人の生活費に回しても大丈夫だよ、とささやくサタンもいたかもしれません。しかし、Londの共同経営では、そのような異物が出てくる隙間さえありません。不透明なお金の流れが皆無であるが故にLondは存続し、成長してきた事実があります。

6人は元々友人であり、今も相当な仲良しです。「生まれ変わっても、また共同経営を選ぶ」と断言するメンバーもいます。しかし、仕事の上では決してなあなあの関係ではありません。つるんで悪いことをたくらむわけでもありません。ほどよい緊張感の中で、全員がクリーンな経営に徹していることは、少し自慢できることなのかな、という気がします。

## チーム経営の未来

美容師の待遇を抜本的に改善しなければ、この業界に未来はない――強い危機感と、改善していく使命感と共に、僕たちは走り続けてきました。そして、これからも走り続けます。なぜなら、僕たちには美容業界で年商日本一のサロンになるというビジョンがあり、スタッフの物心両面の幸福を追求するという経営理念があるからです。ビジョンの達成を目指し、理念を重視する経営をブレることなく貫きます。

日本一のサロンとは、多くの雇用を実現し、Ｌｏｎｄが提供する最高の雇用を味わえる、幸福な美容師が増えることを意味します。つまり、美容師の待遇が改善されるということです。

これからの時代は、少子化の影響が一層顕著になり、今まで以上に若い人の数が減っていきます。美容師という職業を志す人の数も、必然的に減っていくのです。母数が減っているのですから、仕方がありません。にもかかわらず、相変わらず給料が安い、休みがない、きつい……といった労働環境のままでは、美容師を目指す若い人が増える要素が見当たりません。既存のサロンは慢性的な人手不足が続き、スタッフの世代交代もできず、顧客とスタッフの平均年齢だけが上昇していきます。

美容師は、美を通して人にパワー、エネルギーを与え、その人の人生をも好転させる力がある素晴らしい職業です。今までの低待遇に代表されるネガティブな側面は、僕たちＬｏｎｄが先陣を切って、全てポジティブに覆していきます。大手一般企業の社員に劣らない、立派な収入が得られる職業として認知されるべく、美容師の社会的地位を向上させていきます。社会貢献や地球環境保護への取り組みも、美容師に対する社会の目が変わる一助になるはずです。

美容室における最大の商品はスタッフである、という言葉があります。その商品を輝かせることができるのは、経営者です。もし、輝きが足りないスタッフがいたとしたら、それは本人に問題があるわけではありません。経営者がもっとピカピカに磨いて、輝かせてあげてください。

だからこそ、僕たちも明るく元気に、クリーンな経営を実践して、〝最高の雇用〟を持続し、成長していく努力を続けていかなくてはなりません。成功より成長です。

僕たちは、まだまだ発展途上です。自分たちを偉いとか、すごいとは全く思いませんが、自分たちが信じる正しいことをやれているとは思います。これからも〝ひずみ〟のない健全な経営を軸に、美容業界のソーシャルグッドリーディングカンパニーでもあり続けたいと願っています。そして、チーム経営＝共同経営はうまくいくケースが少ない、と言われる美容業界の前例を僕たちが覆していきます。

Ｌｏｎｄは、僕たちが美容師個人としてのエゴを前面に出す場所ではありません。スタッフがやってみたいことを実現でき、待遇もよく、美容師になって本当によかったと実感しながら成長していけるサロンです。僕たち6人のアンサンブルで、一人一人のスタッフが最高に輝くＬｏｎｄを奏で続けていきたいと思っています。

# 第3章・第4章

## おさらい

**【Lond式2・6・2の法則】**

上位2割のスタッフに新店舗リーダーを任せる形で出店。これにより、残ったスタッフが成長し、次のリーダーへ成長していく。

**【スタッフのメンタルケア】**

スタッフ一人一人のちょっとした変化、異変にもすぐ対応できるように。寄り添い、手を差し伸べ、助け合う。

**【Londの技術教育】**

実践的なトレーニングを中心に、1年半でのデビューを目指す。モデルカット120人。

**【ヘアスタイル写真を撮影する】**

スタッフがやりたいこと、興味のあることを実現できるサロン、憧れをかなえられるサロンに。

**【スタッフの給与体系】**

スタイリストは最低保証24万円、歩合率40％。スタイリスト平均月収60万円、繁忙月の増給分を合わせ平均年収800万円実現。

**【社会貢献、環境保護、ボランティア】**

CSR（企業の社会的責任、社会対応力）に基づいた事業。世のため人のために役立つサロンとして、身近にできることからスタート。

**【海外事業】**

経済成長が著しい東南アジアでサロン事業、美容関連事業を展開。現地での雇用創出も。

**【隣接異業種】**

ヘアサロンのお客さまをそのまま案内できる〝隣接異業種〟として、アイラッシュサロン2店舗を経営。

**【幸せな美容師を】**

「スタッフの物心両面での幸福を追求する」という理念を重視した経営を貫く。

【著者略歴】

Lond（ロンド）

2013年8月、それぞれ都内の有名サロンに勤務していた石田吉信、甲斐紀行、小林瑞歩、斉藤信太郎、長岡宏晃、吉田牧人の6人により、東京・銀座で開業。「素晴らしい技術、素晴らしいサービス、素晴らしい空間を。しかも、驚きの価格で」をキャッチフレーズに、高品質のヘアスタイルを中価格で提供するサロンとして急成長。徹底した「スタッフ第一主義」による独自の経営手法とスタッフ教育の相乗効果により、創業から5年間、退職者ゼロを実現したほか、スタイリストの平均年収800万円を達成。美容業界での年商日本一を目指す。

[石 田 吉 信] 1985年7月1日生まれ。東京都出身。日本美容専門学校卒。

[甲 斐 紀 行] 1986年3月21日生まれ。神奈川県出身。日本美容専門学校卒。

[小 林 瑞 歩] 1985年7月2日生まれ。埼玉県出身。日本美容専門学校卒。

[斉藤信太郎] 1985年8月3日生まれ。東京都出身。日本美容専門学校卒。

[長 岡 宏 晃] 1985年8月12日生まれ。山形県出身、埼玉県育ち。日本美容専門学校卒。

[吉 田 牧 人] 1985年12月20日生まれ。埼玉県出身。日本美容専門学校卒。

きっかけの1冊、変える未来　髪書房の新刊書籍

人が辞めない

中価格帯で勝つ

7年で28店舗

高い時間生産性

規格外経営で急成長する
最注目サロン！

社員200名・スタイリスト年収800万円を
最速で叶えた“難しい方”を選ぶ戦い方

マンガ

# サロン経営革命物語

Lond・著　｜　A5判／176ページ
定価3,080円（税抜価格2,800円）

＼急成長の軌跡と仕組みをマンガで一気読み！／

## NOW ON SALE

**PART1**

人が辞めないことが
最大のコスト削減。
徹底して **従業員第一主義！**

**PART2**

高価格帯は既に群雄割拠。
中価格帯で利益が残る
**ビジネスモデルを新構築！**

**PART3**

誰一人置いて行かずに
走るのがLond流。倫理や
理念教育を **仕組みと役割に！**

# Lond流 非合理的経営

**スタッフ第一主義を貫き、スタイリスト平均年収800万円実現までの軌跡**

2021年4月12日　初版発行

著　者　Lond
発行人　阿部達彦
発行所　株式会社女性モード社
https://www.j-mode.co.jp
本社／〒107-0062　東京都港区南青山5-15-9-201
Tel.03-5962-7087　Fax.03-5962-7088
支社／〒541-0043　大阪府大阪市中央区高麗橋1-5-14-603
Tel.06-6222-5129　Fax.06-6222-5357

印刷・製本　株式会社JPコミュニケーションズ
装丁・本文デザイン　株式会社ジェイヴイコミュニケーションズ